智能交通与智能驾驶系列

城市智能交通系统工程设计及案例

张海波 赵 琦 何忠贺 修伟杰 编著

机 械 工 业 出 版 社

本书讨论的是智能交通系统工程的规划设计问题，目的是运用交通工程学的基本理论和先进的智能交通技术，整合交通系统的时间资源和空间资源，实现通畅、安全、便捷及改善环境的交通实施方案。本书共5章，先后介绍了智能交通的发展现状和规划设计路径、交通调查的方法和规则、智能交通路口的设计和智能停车系统的设计，最后给出了3个智能交通系统的设计实例。

本书适合从事智能交通和现代交通规划研究的研究人员阅读参考，也可以作为智能交通、交通工程专业师生的参考书。

图书在版编目（CIP）数据

城市智能交通系统工程设计及案例/张海波等编著. —北京：机械工业出版社，2020.1（2025.6重印）
（智能交通与智能驾驶系列）
ISBN 978-7-111-64567-2

Ⅰ.①城…　Ⅱ.①张…　Ⅲ.①交通运输管理-智能系统-系统设计-案例　Ⅳ.①U495

中国版本图书馆CIP数据核字（2020）第013044号

机械工业出版社（北京市百万庄大街22号　邮政编码100037）
策划编辑：王　欢　　　　责任编辑：王　欢
责任校对：潘　蕊　陈　越　封面设计：严娅萍
责任印制：李　昂
涿州市般润文化传播有限公司印刷
2025年6月第1版第3次印刷
184mm×260mm · 9.25印张 · 226千字
标准书号：ISBN 978-7-111-64567-2
定价：39.00元

电话服务　　　　　　　　　网络服务
客服电话：010-88361066　机　工　官　网：www.cmpbook.com
　　　　　010-88379833　机　工　官　博：weibo.com/cmp1952
　　　　　010-68326294　金　书　网：www.golden-book.com
封底无防伪标均为盗版　机工教育服务网：www.cmpedu.com

前言

20 世纪 80 年代，美籍华人交通工程专家张秋先生先后在上海、北京、哈尔滨、南京、西安等城市讲学。他系统地介绍了西方发达国家关于交通规划、交通管理、交通管制和交通安全等方面的建设和管理经验，并将运输工程学科带到了我国。我国交通工程已发展了 40 年，交通工程的基本概念和技术得到了广泛应用。城市交通基础设施建设更加注重交通规划工作，更有许多城市应用了先进的智能运输系统。然而，将良好的规划计划付诸实践，还缺乏基于各种交通规划概念和实际问题的中间技术——交通规划和设计技术。另一方面，长期以来，交通设施建设的重点主要集中在土木工程层面，缺乏对设施最大化使用的考虑，加剧了交通拥堵问题，造成了巨大的资源浪费。因此，合理的交通规划和设计是实现交通设施最佳建设的重要环节。

“交通规划设计”是近年来逐步形成并被高度重视的改善城市交通的应用技术。目前的交通规划设计是，运用交通工程学的基本理论和先进的智能交通技术，充分利用交通系统的时间资源和空间资源，实现交通的通畅、安全、便捷及改善环境的目标，以最佳设计改善交通实施方案的技术。本书从规划设计的角度，主要对城市道路交通设计进行了说明。

科学无止境，在本书完成时，书中仍有许多问题需要进一步进行研究、探索和论述。因此，作者衷心希望与广大读者一起，在智能交通规划设计的实践中不断探索、不断前进。

作　者

2020 年 1 月

目　录

第1章

概　述

1.1　智能交通发展状况

智能交通系统(Intelligent Transport System,ITS),为人们提供了一种新的交通发展模式,改变了人们只依靠新建扩建道路来解决交通问题的传统思维。智能交通系统,通过高新科技应用来合理配置现有交通资源,提高道路交通系统的综合效率。智能交通系统已成为解决城市交通问题的有效手段。

1.1.1　国外的发展

自20世纪60年代以来,随着世界经济的快速发展,汽车在城市中如雨后春笋般涌现,人口的增长及出行需求的增加使得城市交通状况日益恶化。在人们加紧建设道路基础设施的同时,也逐渐意识到单靠道路建设无法满足交通需求的快速增长,必须利用科技的发展来提升现有的道路交通系统,提升交通路网的通行能力和服务质量,才可能解决日益恶化的城市交通问题。

因此,美国等西方发达国家已经开始投入大量资金和人力进行智能交通系统的大规模研究。先进的计算机技术、信息技术、通信技术、控制技术和人工智能,将有效地应用于交通运输、服务控制和车辆制造,将车辆、道路和用户紧密结合,形成一个实时、准确、高效的运输系统。

智能交通系统结合了计算机技术、数据通信技术、自动控制技术和信息处理技术,被认为是解决世界上交通拥堵和环境污染日益严重问题的理想方式,因而在世界各地迅速发展。

20世纪70、80年代,关于ITS的研究迅速开展起来,90年代已研究出一些成果和应用。其间,美国、欧洲和日本是处于领先地位的国家和地区。

1.1.2　我国的发展

我国智能交通的发展起步较晚,20世纪90年代初,我国开始关注世界智能交通的发展,并积极开展智能交通领域的技术研发工作。经过“十一五”“十二五”的建设,交通管理和服务的信息化、智能化水平显著提高,智能交通广泛应用于许多城市和交通运输行业,并已开始进入快速发展的轨道。2002年,科技部正式确定10个城市为全国智能交通系统应用示范项目的首批试点城市,在国家的大力支持下,开展了智能交通相关领域的建设示范。通过智能交通应用示范工程试点城市的建设,我国的智能交通建设取得了一些成果。北京、上海等城市在智能交通的发展方面已处于国际领先地位,为我国其他城市的智能交通建设提供了经验。

国家发展和改革委、交通运输部的一系列交通发展战略研究表明,智能交通要朝着绿色、低碳与智能一体化方向发展。未来国内智能交通发展的方向:第一,新一代智能化基础设施,包括传感网、宽带移动通信、交通运输控制设施及沿道路的能源配送网;第二,智能化载运工具及运行系统,包括自动驾驶车辆、共享汽车等;第三,开放、共享和合作的服务与管理系统,如满足多层次需求的出行服务系统、基于新数据系统的决策和管理系统等。

1.2 智能交通的规划与设计

1.2.1 规划设计的基本思路

智能交通的规划和设计是指,基于有限的道路空间,科学合理地分时、分路、分车种、分流向使用道路,使道路交通始终处于有序和高效的运营中。

由于城市交通流包括从非饱和路网的局部拥堵到饱和路网的整体拥堵,交通规划设计的思路,逐步从传统的单行、禁左、渠化的传统交通组织优化的观念转变为信号协调、信息诱导、动态负荷调控的现代交通组织优化的思路。因此,交通规划设计,不应局限于单一入口和出口的交通规划设计,应考虑整个道路网络的交通流量特性和交通要求。

1.2.2 规划设计的工作阶段

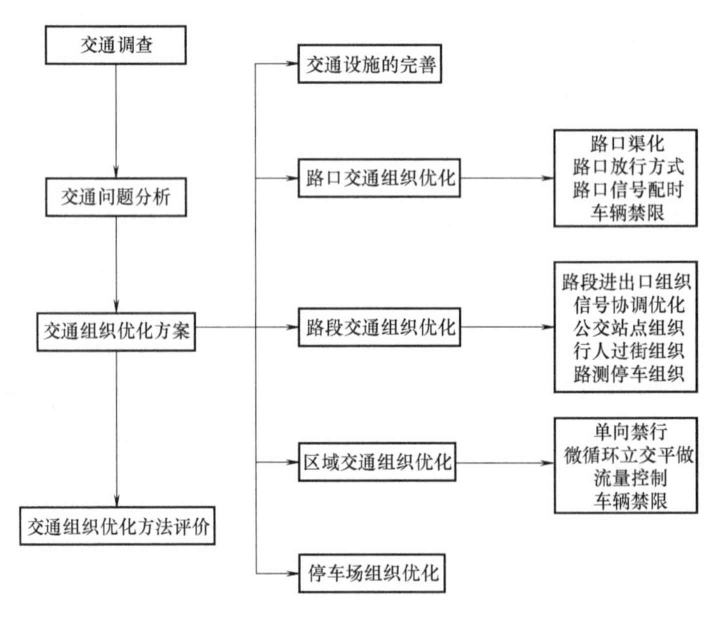

1.2.3 规划设计的依据

《中华人民共和国公路法》

《中华人民共和国道路交通安全法》

GB/T 51328—2018《城市综合交通体系规划标准》

GB 5768.1~8—2009~2018《道路交通标志和标线》

CJJ 37—2012《城市道路工程设计规范(2016年版)》

GB/T 51329—2018《城市环境规划标准》
GB/T 51327—2018《城市综合防灾规划标准》
JTG D81—2017《公路交通安全设施设计规范》
JTG/T D81—2017《公路交通安全设施设计细则》
发改基础(2015)1788号《关于加强城市停车设施建设的指导意见》
GB 14886—2016《道路交通信号灯设置与安装规范》
《道路智能化交通管理设施设置要求　第1部分:通用技术条件》DB11/ 776.1—2011
GB 50647—2011《城市道路交叉口规划规范》
CJJ 169—2012《城镇道路路面设计规范》
GB 50763—2012《无障碍设计规范》
JTG B01—2014《公路工程技术标准》
JTG D20—2017《公路路线设计规范》
《北京市机动车停车条件》
各城市总体规划

第2章

交通调查

在进行交通规划和设计之前,有必要调查与道路及其动态交通相关的基本数据。

新建道路的交通设计,只需有道路规划等级、设计车速、红线宽度与位置和沿路的大型交通事件发生位置,以及有限的基本数据,如设计期间预测的交通量。

对于路段、交叉路口和交叉路口群的重建和治理,有必要详细了解当前的交通、道路、沿线路况,以及交通管理状况和未来交通发展方向。同时,有必要根据当前的交通流量预测设计交通流量,这应该在交通管理规划中给出。如果没有进行交通管理规划,则应通过一定范围的交通分析获得。

2.1 调查内容

2.1.1 基础数据的收集与整理

1. 道路条件调查

道路的几何构造条件的基础数据,可以依据表2-1和表2-2所示的项目进行调查。表2-1和表2-2所示的调查表不仅适用于交通设计准备阶段,同样也适用于概略设计和详细设计阶段,而且可以详细比较不同路段与平面交叉部等内容。

表2-1 道路几何条件调查表(1)

项目	单位	进出口方向							
		A		B		C		D	
		进口道	出口道	进口道	出口道	进口道	出口道	进口道	出口道
道路等级									
断面形式									
设计车速	km/h								
设计车型									
路幅宽度	m								
车道数	条								
车道宽	m								
车道功能划分									
中央分隔带宽	m								
机非分隔带宽	m								
非机动车道宽	m								
人行道宽	m								

表 2-2　道路几何条件调查表（2）

项目		单位	进出口方向			
			A 路	B 路	C 路	D 路
纵坡		%				
左转专用道	展宽段长度	m				
	渐变段长度	m				
右转专用道	展宽段长度	m				
	渐变段长度	m				

2. 交通条件调查

交通条件调查内容包括交通流构成（流量、流向、车型）、交通规则状况、交通流组织管理、交通控制状况等，如表 2-3 所示。

表 2-3　交通条件调查表

	资料类别		说明
交通状况	交通流构成	分流向、车种的小时交通量	早高峰时段 15 分钟高峰交通量，必要时用 2~3 小时或 12 小时交通量；车种分为大型车与其他两类；必要时包括相邻交叉口及附近支路的交通量
		非机动车交通量	注意高峰小时交通量出现时段
		行人交通量	注意高峰小时交通量出现时段
	交通事故记录		近几年内的事故记录（类型、成因与程度及其发生的时间和地点）
	交通规则状况		路段及交叉口通行规则、停车规则
	交通流组织管理		单行线禁行流向权对应的标志、标线等
	交通控制状况		控制方式和配时周期等

3. 交通环境调查

调查内容主要包括交通噪声、废气、振动、景观、绿化等分布情况。

4. 附属设施调查

调查主要包括灯杆、电杆、垃圾箱等的布局和合理性。

5. 市民意见调查

主要基于交通改善地段或交叉口周边及通过道路的人的意见为主。

6. 现场踏勘内容

为了掌握现场的状况，实地踏勘是很重要的。特别是改建道路时，应该充分了解现有道路的交通状况及问题，有必要在高峰时段、事故多发时间带等，进行现场勘探。实地踏勘要了解的主要内容见表 2-4。

7. 相关资料的收集

主要收集以往的规划、设计、管理及政策等相关的资料，如相关的城市规划、城市交通规划、城市交通管理规划、交通法规、交通政策资料及道路平面图（1∶500 或 1∶1000）等。

表 2-4 实地踏勘检查记录表

项目	内容
道路及其附属设施的状况	路面、铺装、排水等状况 道路标志、标示等 信号灯、照明设施、绿化及一些障碍物的位置 车流轨迹平顺与否,视距是否满足
道路沿线的状况	沿线出入口的情况、建筑情况 周边大型交通发生设施的位置,交通情况 道路展宽的可能性 公交停靠站的位置,公交运行状况,停靠站迁移的可能性
交通状况	
交通管理与控制状况	
行人与自行车交通状况	
环境情况	
市民意见	

2.1.2 道路及其沿线状况的调查

1. 道路状况

在改善现有道路时，有必要了解道路几何构造条件的基础数据，并根据表 2-1 和表 2-2 给出的项目进行收集和整理。分析道路几何构造问题点并讨论其改进政策。

同时，由于绿化和灯杆等附件可能会影响交通的安全性和平稳性，因此应从司机和行人的角度考察附属设施布局的合理性。

2. 交叉口的道路现状

交叉点的几何构造和渠化可以制成 1/1000~1/500 的平面图。同时，图上可以显示信号灯、照明灯和障碍物显示灯（黄色闪烁灯）等安全装置的位置。

交叉口的坡度需要调查，因为它会影响右转车道或左转车道的速度和轨迹。

道路的排水条件直接影响行人通行的舒适度，有必要向沿途居民询问排水口的位置和雨天积水情况。

交叉口调查还需要观察每条进口道的交通流驶入出口道的平顺性。

3. 道路沿线的现状

道路沿线的车辆进出、路边停车等直接影响道路的使用，特别是在大型停车场的商业设施和大型停车场的公共设施靠近交叉路口的情况下，必须充分掌握出入口的交通实际情况和设施的实际情况。另外，交叉路口附近的停车将导致交通容量较低，因此有必要在调查停车的实际情况时分析是否能有效消除这种情况。

另一方面，还需要调查公共汽车站、公共汽车的运行情况，以及公共汽车的乘客流量或停靠点位置迁移的可能性。特别是高峰时段的相关数据，最好通过目测或摄像机观察其对交通流量的影响程度。

2.1.3　交通流行驶及其交通规则的现状调查

1. 交通量调查

早晚高峰时段或事故多发时段的交通量调查通常以15min为单位进行，并计算每条进出口道路的交通量；若测量时段内交通量较少，计测单位也可为60min。

2. 交通管理的情况

(1) 交叉口的交通规则

直接影响交叉口交通流的规则有以下几条：

① 禁行规则（禁止左转等）。

② 专用车道设置，根据行驶方向区分（如左转专用车道，直行车道等）。

③ 单向通行。

这些不仅与交叉口的渠化有直接联系，还会对临近相接的交叉口造成影响。所以，除调查对象的交叉口外，还应了解临近相接的交叉口的交通规则及交通量，综合考虑设计出合理的交通规则。

(2) 进口道的交通规则

进口道一般要禁止停车并限制最高速度，这些规则不仅影响路段的交通流，还会影响交叉口的交通流，所以需要对进口道的交通规则进行调查。

(3) 指示标志等的状况

在近交叉口处的指示标志和规则标志的位置和显著性及引导清晰度，是影响通行的重要因素，因此应对相关的情况加以调查。

2.1.4　事故数据的收集与分析

1. 事故数据的收集

交通事故主要发生在交叉路口，在设计交叉口时，有必要调查与交叉口相关的交通事故的发生情况。

统计交通事故数据时，需要收集数年的数据；尽量详细地收集交通事故资料，将事故发生地点、类型、路线、天气、季节等进行统计，根据统计合理规划设计交叉口情况，减少因交通规划设计不合理造成的交通事故。

事故资料的表现形式如下：

事故发生地点	可以投影到1：500平面图等
被害程度	标示出死亡、负伤、财务损失等的区别。
事故类型	标示出前后碰撞、头部相撞等的区别
车种	标示出机动车、非机动车、行人的区别
当事人的行为模式	标示出右转中，横穿道路中等的区别
天气	标示出晴、雨、雪、雾等的区别
时刻	标示出发生时刻、区分昼夜的区别
年月	标示出年月的区别，分出季节

2. 事故数据的分析

如果多次发生某种类型的事故，有必要考虑是否存在道路结构设计不合理或交叉口控制设计不合理的问题。

具有代表性的交叉口事故类型：前后碰撞、左转时侧面冲撞、右转与人行横道的行人相撞等。

根据汇总数据，考虑昼夜、天气、季节等方面的差异，如果存在因果关系，可以总结出相应对策，如以下几种。

根据昼夜发生状况的差异——夜间交叉口视觉的改善；

根据天气不同的差异——预防雨天打滑的策略等；

根据季节不同的差异——对下雪、寒冻的对策等；

根据混乱、闲散时的差异——疏通或者减速对策等。

交通事故由于具有偶然性，即使在事故多发地点，每年事故发生的数量也有很大差异，因此应按事故类型分别调查历年变化的情况。

2.2 调查方式

1. 人工计数法

调查人员使用计数器、秒表、问卷和铅笔等调查工具，观察交叉口各个方向的交通流量、交通设施、交通组织和交叉口形式，并填写调查表。测量时间为15min，每个调查时间为30min，使数据记录更加方便和准确。同时，累积得到每小时的交通量，也便于计算出15min的高峰时间系数。

2. 浮动车法

浮动车调查过程由3位现场调查员（包括司机）、1位数据分析员负责完成：

① 现场调查员1，负责驾驶浮动车，要保证浮动车以跟车法进行行驶。

② 现场调查员2，记录停车次数、停车时间、通过调查起讫点时间。

③ 数据分析员，将现场调查员记录的数据进行提取分析。

3. 机械计数法

数据由车辆检测器的和计数器的两部分组成。车辆检测器有各种类型，如地磁检测器和红外检测器，可以检测数据为流量、流速、排队长度、道路占用率、饱和度等。

4. 录像法

在高处用摄像机录下调查路段在高峰小时内的交通流量情况，随后从视频中统计各车型、非机动车及行人的交通量。该方法可以节省大量人力，并且统计不受时间限制。

5. GPS法

GPS可以提供位置、速度等其他空间信息及高精度的时间信息，并且GPS可以实现交通状况的实时检测。

2.3 相关记录表格

下面给出3个常用的记录表格示例。

1. 路口档案表

编号＿＿＿＿＿＿

<table>
<tr><td colspan="2">路口名称</td><td colspan="2"></td><td>所属区</td><td></td><td>地理位置</td><td></td></tr>
<tr><td colspan="2">路口类型</td><td colspan="2"></td><td>信号机类型</td><td></td><td>信号机编号</td><td></td></tr>
<tr><td colspan="3"></td><td>东</td><td>西</td><td>南</td><td>北</td><td>备注</td></tr>
<tr><td colspan="3">道路名称</td><td></td><td></td><td></td><td></td><td></td></tr>
<tr><td colspan="3">道路断面形式</td><td></td><td></td><td></td><td></td><td></td></tr>
<tr><td rowspan="3">渠化</td><td colspan="2">进口</td><td></td><td></td><td></td><td></td><td></td></tr>
<tr><td colspan="2">出口</td><td></td><td></td><td></td><td></td><td></td></tr>
<tr><td colspan="2">其中:公交道</td><td></td><td></td><td></td><td></td><td></td></tr>
<tr><td rowspan="2">标志</td><td colspan="2">指路标志</td><td></td><td></td><td></td><td></td><td></td></tr>
<tr><td colspan="2">渠化标志</td><td></td><td></td><td></td><td></td><td></td></tr>
<tr><td colspan="3">交通管理措施</td><td></td><td></td><td></td><td></td><td></td></tr>
<tr><td colspan="3">闯红灯监控</td><td></td><td></td><td></td><td></td><td></td></tr>
<tr><td rowspan="10">信号灯配置</td><td rowspan="8">机动车</td><td>圆灯</td><td></td><td></td><td></td><td></td><td></td></tr>
<tr><td>左箭头</td><td></td><td></td><td></td><td></td><td></td></tr>
<tr><td>直箭头</td><td></td><td></td><td></td><td></td><td></td></tr>
<tr><td>右箭头</td><td></td><td></td><td></td><td></td><td></td></tr>
<tr><td>调头</td><td></td><td></td><td></td><td></td><td></td></tr>
<tr><td>左转二次</td><td></td><td></td><td></td><td></td><td></td></tr>
<tr><td>复合灯</td><td></td><td></td><td></td><td></td><td></td></tr>
<tr><td>可变标志</td><td></td><td></td><td></td><td></td><td></td></tr>
<tr><td colspan="2">非机动车</td><td></td><td></td><td></td><td></td><td></td></tr>
<tr><td colspan="2">行人</td><td></td><td></td><td></td><td></td><td></td></tr>
<tr><td colspan="2" rowspan="2">检测器</td><td>进口</td><td></td><td></td><td></td><td></td><td></td></tr>
<tr><td>出口</td><td></td><td></td><td></td><td></td><td></td></tr>
<tr><td colspan="3">路口管线</td><td></td><td></td><td></td><td></td><td></td></tr>
<tr><td colspan="3">通信</td><td colspan="4"></td><td></td></tr>
<tr><td colspan="3">说明</td><td colspan="5"></td></tr>
<tr><td colspan="8">填表单位：　　　　调查人：　　　　调查日期：</td></tr>
</table>

2. 路口管线表

路口名称：　　　　路口编号：　　　　日期：

杆井编号	管道距离	管道规格	数量	电缆规格	电缆数量	备注
LC～1#		$\phi80$				
8#～1#		$\phi80$				
7#～1#		$\phi80$				
2#～7#		$\phi80$				

（续）

杆井编号	管道距离	管道规格	数量	电缆规格	电缆数量	备注
3#～2#		ϕ8				
10#～3#		ϕ80				
9#～8#		ϕ80				
13#～12#		ϕ80				
12#～11#		ϕ80				
11#～4#		ϕ80				
4#～5#		ϕ80				
5#～6#		ϕ80				
14#～6#		ϕ80				
16#～6#		ϕ80				
6#～7#		ϕ80				
18#～7#		ϕ80				
19#～18#		ϕ80				
18#～7#		ϕ80				
7#～1P(3V+B)		ϕ80				
7#～2P(2P+2S)		ϕ80				
2#～3P(2V+B)		ϕ80				
2#～4P(2P+2S)		ϕ80				
4#～5P(3V+B)		ϕ80				
4#～6P(2P+2S)		ϕ80				
6#～7P(2V+B)		ϕ80				
6#～8P(2P+2S)		ϕ80				

3. 路口设施明细表

安装地点：________

（1）信号机类型：现：________

（2）新建综合视频检测器________方向________套；线圈检测器________个

方向	综合视频检测器			线圈检测器	
	高清摄像机数量	补光灯数量	杆具伸臂长度	进口	出口
东					
西					
南					
北					

（3）信号灯具（ϕ400，LED）

机动车灯	数量		自行车灯	数量		行人灯	数量	
	原有	设计		原有	设计		原有	设计
圆灯			标准灯			普通灯		
箭头灯			箭头灯			盲人音响复合灯		
调头灯								
直左复合灯								
圆左复合灯								

（4）信号灯杆

伸臂灯杆			直杆		
类　型	数量		类　型	数量	
	原有	设计		原有	设计
15~18m			133/6m		
10~15m			133/5.5m		
6~9m			133/5m		
双伸臂			133/4.5m		
高 11m 伸臂 5m 监控杆			89/3m		
机动车镀铝弯杆			人行自助灯杆(单面)		
97 式弯臂			人行自助灯杆(双面)		

（5）新、改建市政工程

管道长度____m，检查井____座，沉井____座，灯杆基础____座。

第3章

路口智能交通设计

3.1 道路交通规划设计

3.1.1 交叉口设计

1. 交叉口的分类

交叉口是指城市中两条或以上道路的交汇处，是车辆、行人聚集、转向和疏散的必经之处，也是城市道路系统的重要组成部分。因此，道路交叉口的正确设计和交叉口交通的合理组织和管理，是提高道路交通容量和确保交通安全的重要方面。

在同一平面上的相交处，称为平面交叉口；在不同平面上的相交处，称为立体交叉口。立体交叉口适用于相交道路等级高、交叉口交通量极大的情况，一般城市交通应用较少，因此本书仅对平面交叉口进行设计说明。城市平面交叉口的分类见表3-1。

表3-1 城市平面交叉口的分类

按交叉口形式分类	十字形、T字形、Y字形、复合交叉等
按渠化交通的程度分类	简单交叉口、拓宽路口式交叉口、渠化交叉口
按交通控制分类	无信号控制交叉口、有信号控制交叉口

2. 设计原则与要求

(1) 设计原则

① 适应交通流特性。

② 合理利用道路设施空间。

③ 明确不同交通流的行驶轨迹。

④ 降低不同交通流之间的干扰。

⑤ 饱和度均衡。

根据交叉口规模的大小，其设计的侧重点有所不同，见表3-2。

表3-2 交叉口大小的区分及其设计的侧重点

	大交叉口	小交叉口
分类原则	相交道路各方向的进出口道车道数均不少于4条	相交道路至少一个方向的进出口道车道数少于4条
设计时的侧重点	明确各股交通流在交叉口内的行驶轨迹	

(2) 线形、视距要求

最好在交叉路口内使用直线作为道路平面线形状；当使用曲线时，曲线半径应大于不设

超高的最小圆曲线半径。

交叉口设计中应考虑视距要求，1.2m以上不应有障碍物阻碍驾驶人在交叉路口拐角处的视线（见图3-1）。当高架道路或人行天桥桥墩和台阶必须位于交叉口附近时，应进行视距分析，并尽可能减小桥墩的宽度，台阶宜透明。

停车视距（stopping sight distance）指的是，在汽车行驶时，驾驶人自看到前方障碍物时起，至达到障碍物前安全停车止，所需的最短行车距离。两部车辆相向行驶，会车时停车则需2倍停车视距，称会车视距。

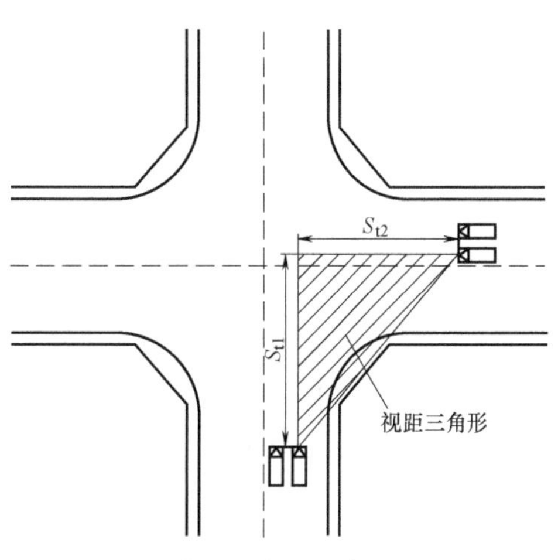

图3-1 视距三角形

停车视距 S_t 由三部分组成：驾驶人反应时间内行驶的距离 S_1，开始制动汽车到汽车完全停止所行驶距离 S_2（制动距离），再加安全距离 S_0（5～10m）。按下式计算：

$$S_t=S_1+S_2+S_0=(u_1t/3.6)+u_1^2/(254\phi_2)+S_0$$

式中 t——驾驶人反应时间，取2.5s；

ϕ_2——路面与轮胎之间的纵向摩阻系数，因轮胎、路面、制动等条件不同而异，计算停车视距一般按路面潮湿状态考虑，一般按不利情况取值为0.4；

u_1——行驶速度，当设计速度为120～80km/h时为设计速度的85%；当设计速度为60～40km/h时为设计速度的90%；设计速度为30～20km/h时为设计速度的100%。

注意，车辆由路段进入交叉口进口道后，客观上车速将降低；另外，为了交通的安全，也希望交通流进入交叉口时的车速较路段降低。因此，交叉口计算车速视车流行驶方向而定，直行车在进口道部分的计算车速一般取路段车速的0.7倍，左右转车辆的计算车速取路段车速的0.5倍。

3. 详细设计

（1）进出口道设计

1）进口道的宽度及车道数

交叉口的进口车道数应根据进口道路的容量与该路段的通行能力相匹配的原则确定，进口车道应确保所需的车道宽度。

进口车道的每个车道的宽度可以略微窄于路段的宽度，进口道最小为2.75m宽；由于出口道车辆速度较高，其宽度应大于进口道的宽度。宽度根据实际道路状况确定。

城市道路进出口道的参考设计宽度见表3-3。

表3-3 进出口道设计宽度参考值

	进口道	出口道
设计宽度/m	2.75～3.25	3～3.5

进口道展宽段应尽可能为左转、直行和右转车辆在不同车道上行驶创造条件，特别是当设置专用箭头灯时，必须设置相应的专用车道。改建和治理交叉口，当每信号周期左传车平

均流量超过 2 辆时，应配备专用车道；在具有中央分隔区的进口道上，应充分利用分隔区的空间扩大进口车道，剩余宽度应满足行人过街驻足空间的要求。

在设计进口道时，右转车道宜向进口道右侧（靠非机动车道或人行道一侧）展宽，左转车道宜向进口道左侧（靠道路中心线一侧）展宽。

进口道长度的确定应遵循以下原则。

① 进口道长度 L_a 由展宽渐变段长度 l_d 与展宽段长度 l_s 两部分（见图 3-2）确定。图 3-2a 给出了左侧车道的展宽，图 3-2b 给出了右侧车道的展宽。

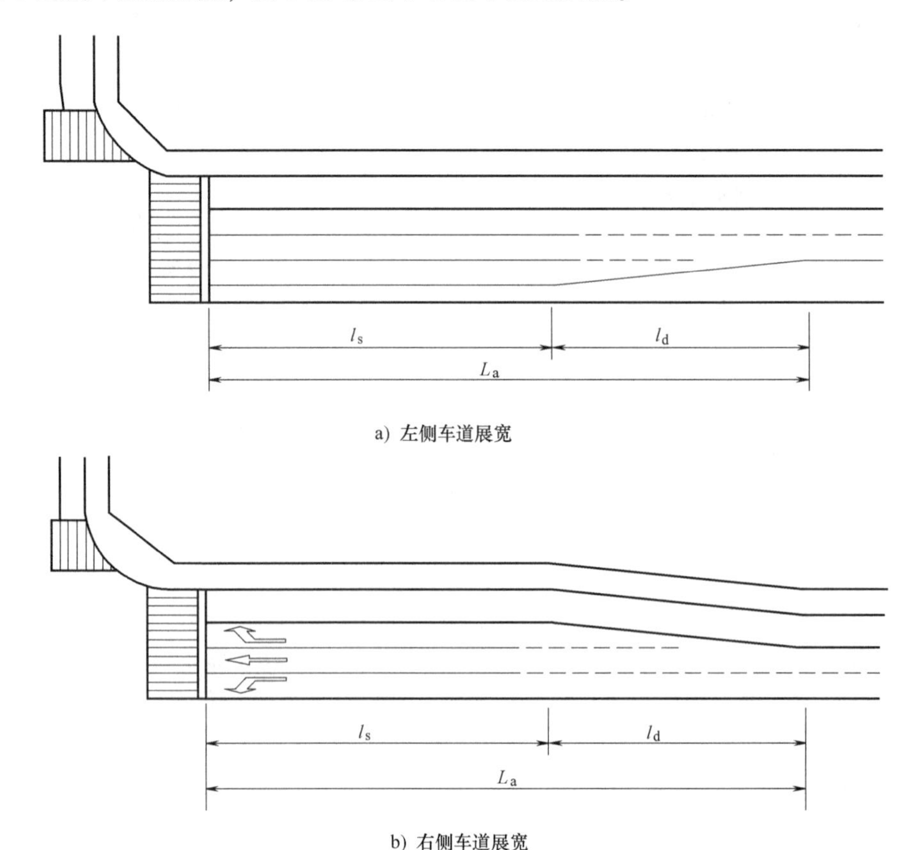

图 3-2　进口道展宽段设计示意图

l_d 和 l_s 分别按式（3-1）和式（3-2）计算：

$$l_d=\frac{v\Delta w}{3} \tag{3-1}$$

式中　v——进口道计算行车速度（km/h）；

Δw——横向偏移量（m）。

$$l_s=10N \tag{3-2}$$

式中　N——高峰每一信号周期的左转或右转车的平均排队辆数。

② 无交通流量数据时，新建、改建交叉口进口道长度可参照表 3-3 的数据设计。

③ 治理性交叉口用地有限，无法满足上述要求时，可采用表 3-4 给出的数据确定进口道的最小长度。

表 3-4 治理性交叉口进口道 L_a 的最小长度

路段计算行车速度/(km/h)	最小长度/m
60	60
50	50
40	40

④ 在向右侧展宽的进口道上设置公交停靠站时，应利用展宽段的延伸段设置港湾式公交停靠站，但应追加站台长度。

2）出口道设计

应遵循以下原则：

① 新建和改建交叉口的出口车道数应与上游进口道中具有相同信号相位的最大进口车道数相匹配，出口道每条车道的宽度应不小于 3.5m；条件受限时，当出口道数量仅比上游进口道的直行车道数少一条时，交叉口出口每条车道的宽度不得小于 3.25m。

② 当出口道为干路并且相邻进口道具有右转专用车道时，出口道必须设有展宽段。

③ 出口道有公交车站时，根据停靠站设置展宽段；在设置展宽的出口道上设置公交车站时，应使用展宽段的延伸段设置港湾式公交车站。

④ 出口道的总长度包括出口道展宽段和展宽渐变段。出口道展宽段长度由缘石转弯曲线的端点向下游方向计算。不设公交车站时，长度为 60~80m；设置公交车站时，加上所需的公交车站长度，必须符合视距三角形的要求。

出口道展宽渐变段长度 l_d' 应按式（3-3）计算：

$$l_d' = (30 \sim 20)\Delta w \tag{3-3}$$

条件受限制时，不应小于 30m。

（2）行人过街横道设计

1）行人过街横道的设置应遵循的原则

① 应位于车辆驾驶人可以轻松看到的位置，尽可能靠近交叉路口，与行人的自然流向一致，并尽可能与车行道垂直，这可以缩短行人穿行的行走距离。

② 当行人过街横道过长（超过 15m）时，为了缩短行人过路时间，确保行人过街的安全，应在过街横道中间设置行人安全岛，宽度应大于 1.5m。

③ 人行横道的宽度与过街行人数量和信号显示时间有关。顺延干路的行人横道宽度不应小于 5m。顺延支路的人行横道宽度不应小于 3m，以 1m 为单位增减增加或减少。

④ 行人横道位置应平行于路段人行道的延长线并适当后退（图 3-3 所示的 $a=1$m），在右转机动车容易与行人发生冲突的交叉口，为了减少右转机动车对相邻的两个进口道的行人过街交通的影响，其横道线不应相交，至少应留有一辆车右转的空间，该后退距离宜取 3~4m（图 3-3 所示的 $b=3\sim4$m）。

⑤ 步行道的转角部分（图 3-3 所示的 c），长度应不小于小车的车身长 6.0m，并应设置护栏等隔离设施。

⑥ 当有中央分隔带的进口道，行人过街横道应设置在中央分隔带端部后退 1.0~2.0m，或中央分隔带应满足此设计，可以为行人过街驻足提供安全保障（图 3-3 所示的 d）。

⑦ Y 字形交叉口可结合导向岛设置行人横道（见图 3-4），若行人流量较少时，可不设

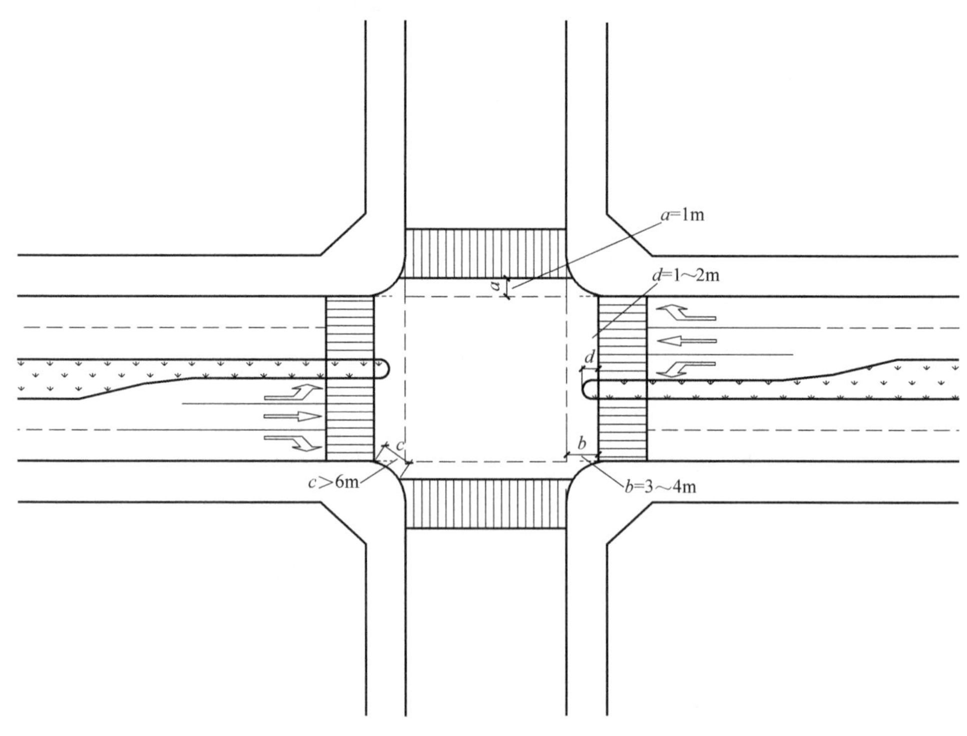

图 3-3 行人过街横道的设置示意

A 段行人横道。

⑧ T 字形交叉口的行人横道布置可如图 3-5 所示，当交通量或行人较少时，可不设 A 或 B 段行人横道。

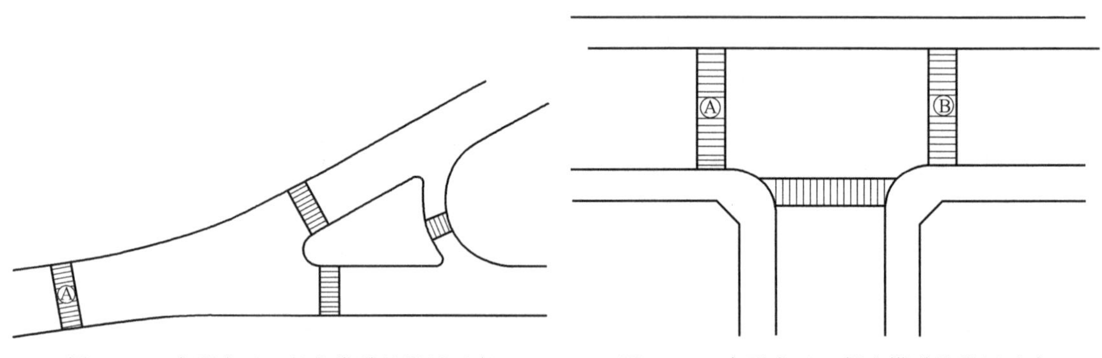

图 3-4 Y 字形交叉口行人横道的设置示意　　图 3-5 T 字形交叉口行人横道的设置示意

⑨ 高架路桥墩设在平面交叉口附近，在条件受限制时，应在桥墩所处的分隔带上设置图 3-6 所示行人横道，必要时增设行人（两次过街）专用信号。

行人过街横道与人行道或交通岛的交汇处应该做成坡道，并且不得有任何阻碍行人行走的障碍物。

为确保行人交通安全，防止机动车或非机动车在人行道上行驶，避免行人随意横穿道路。在人行横道和必要的道路进出口以外的地方，可以在人行道上设置绿化带或分隔栏。

对于行人穿越城市主次干路的流量较大而又不适合设置行人过街天桥或地下通道的交叉

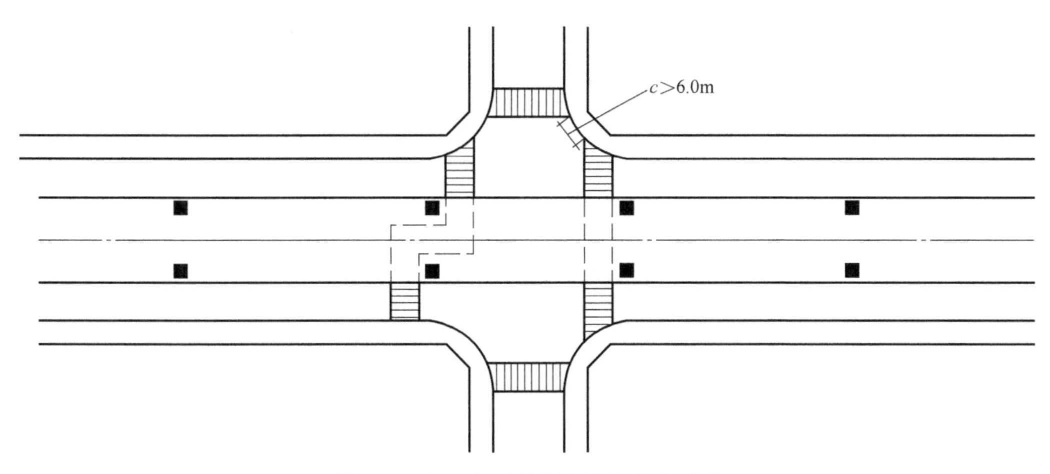

图 3-6 高架路下的行人横道设置示意

口，当机动车流大于表 3-5 给出的平均饱和度时，可以设置行人过街专用相位，相位时长应根据过街行人所需的时间而定。

表 3-5 城市主次干路设置行人过街天桥或地道的基本条件

道路性质	行人过街交通平均饱和度	机动车交通平均饱和度	人均待行区面积	待行时间
主干路	≥0.85	≥0.7	行人待行区人均空间 < 0.6m²/人	超过 1 个周期

2）行人安全过街的处理

按照传统的交叉路口配时方案，即传统的两相位，机动车、非机动车和行人在同一相位过街，机动车与非机动车之间的冲突非常严重，同时由机动车信号控制行人交通也存在明显的缺点。行人任意穿越机动车、非机动车交通流，既不安全也会影响机动车和非机动车的通行能力。为了照顾行人的安全，可以考虑在人行横道中间设置一个人行横道安全区，宽度不应小于 1.5m，如图 3-7 所示。具体设计方法如下：

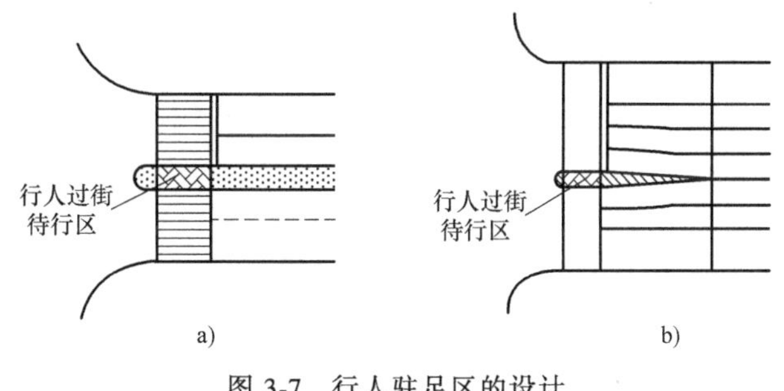

图 3-7 行人驻足区的设计

① 有中央分隔带的道路，利用分隔带做安全待行区，并保留端部 1～2m 的分隔带，对驻足的行人起保护作用，如图 3-7a 所示。

② 无中央分隔带的道路，应压缩进出口车道宽，设待行区，并以彩色涂料醒目标出。设进、出口车道数各为 n_{in}、n_{out}，原车道宽 W_i、W_j，设置行人待行区后，人行道后的进、出口车道宽度分别为

$$W_i' = W_i - \frac{D}{2n_{in}} \quad i = 1, 2, \cdots, n_{in} \tag{3-4}$$

$$W_j' = W_j - \frac{D}{2n_{out}} \quad j = 1, 2, \cdots n_{out} \tag{3-5}$$

式中　D——渐变段长度。

用S形弧线平顺连接于原车道线，如图3-7b所示。在安全区的末端设有用于保护安全区的围栏或护栏，以确保行人在绿灯已结束、无法穿过街道时可以安全驻足。

(3) 非机动车交通的处理

根据自行车交通的特点和交叉口混合交通流的特殊情况，非机动车的交通管理原则是：

① 自行车交通应按空间和时间与机动车交通分开。如果没有条件分离，则必须给予适当的空间以使自行车与机动车分道行驶。

② 应该采取措施使自行车以较低的速度有序进入交叉口。

③ 应尽可能减少自行车处于危险状态的时间。

④ 如果空间允许，应对自行车暂停的地方应该提供实物隔离的措施。

⑤ 为了简化驾驶人在交叉口观察、思考、判断和采取措施的复杂过程，自行车交通与机动车交通的冲突点应尽可能远离机动车之间的交叉冲突点。

⑥ 当自行车和机动车在交叉路口等待绿灯或经过交叉口时，应该能够清楚地看到对方，特别是当自行车经过交叉路口时，驾驶人应该知道自行车的行车路线和的方向。

⑦ 当自行车在交叉口等待时，应尽可能提供一个安全的停车位置。

1) 渠化设计方法

① 进口道右转专用车道。利用现有的路面设计专用于右转的自行车车道，如图3-8所示。右转车道需要较宽的交叉口，以便骑车人严格遵守道路原则。其优点是可以缓解交叉口的交通拥堵，有利于交通安全。在非机动车道较窄、人行道相对宽裕的情形下，以在交叉口进出口道前后把右转自行车引入人行道，如图3-8所示。

② 进口道左转专用车道。彩色路面或标记可用于指示自行车左转专用车道。该方法适用于左转自行车一次过街的情况（即使用左转机动车相位）。这种方法的优点在于它避免了当左转自行车被放行时被直行的自行车挡住，并且当直行自行车被放行时与左转车形成冲突，如图3-9所示。

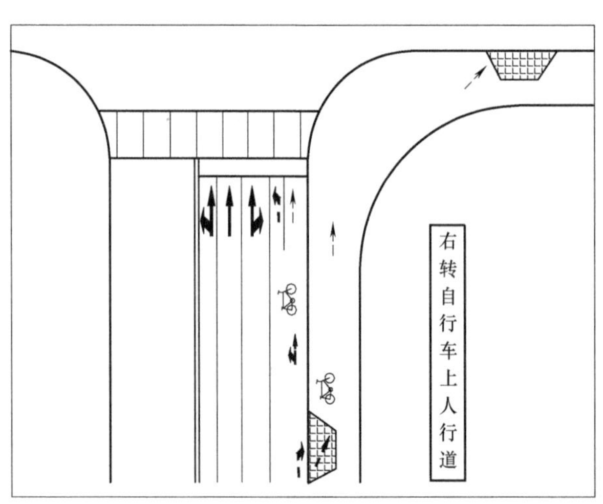

图3-8　自行车分流向专用进口道，右转自行车上人行道

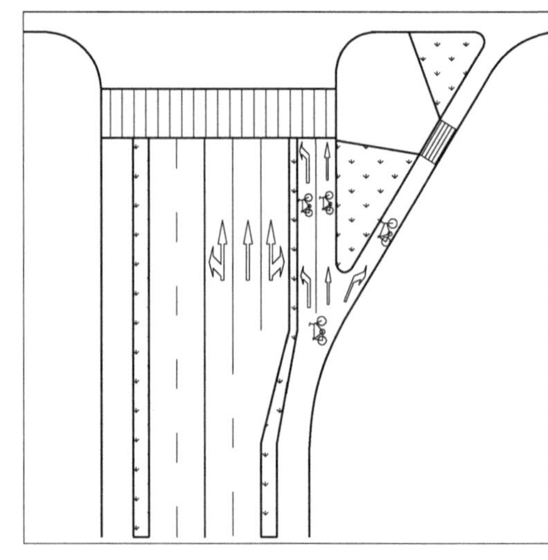

图3-9　自行车分流向专用进口道，渠化岛隔离

③ 左转自行车二次过街以及左转候车区。

a. 左转自行车二次过街。由于左转非机动车辆经常驶向人行横道附近等待，因此有必要减少左转非机动车辆与同向和对向的直线行驶的车辆之间的冲突，应尽可能利用或创造条件确保交通容量和交通安全，故设计非机动左转车辆二次过街。当交叉路口的左转非机动车交通量大且土地使用条件允许时，应该采用二次过街的方式；左转非机动车等候区的设计应满足该地区非机动车停车的需要，位置上应符合自行车行驶轨迹的要求，不应影响其他类型交通的通行。当左转非机动车的流量很小时，可利用行人过街横道二次过街，人行横道必须相应增加必要的宽度。

b. 左转候车区。在交叉口自行车进口道的前面，设置左转非机动车候车区，当绿灯亮起时左转非机动车随直行非机动车行驶至对面左转候车区内，待另一方向的绿灯亮时再前进，即变左转为直行。

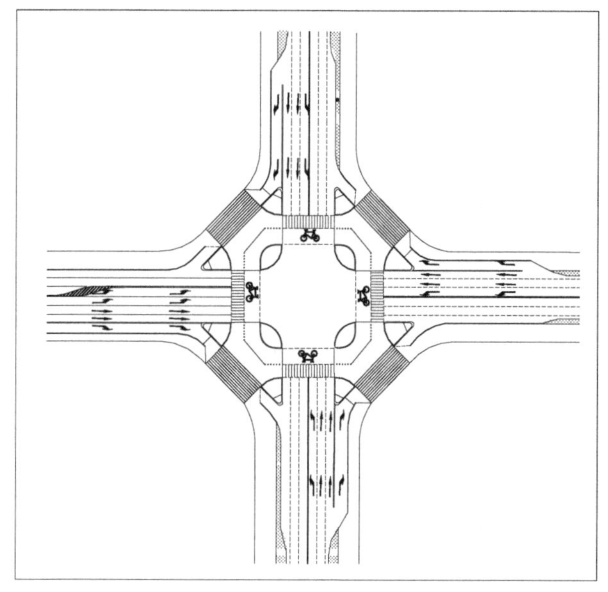

图 3-10 左转自行车二次过街

左转弯候车区的优点是首先，消除了左转非机动车对机动车的干扰，使得通过交叉口的机动车的行驶速度得到提高，通行能力得到改善；其次，减少了左转非机动车与直行机动车流的冲突，有利于交通安全。

左转弯候车区通常适用于左转弯非机动车流量较低的情况，对于较大的交叉路口，通常可以提供设立非机动车候车区的条件。

当左转自行车流量较大，左转弯候车区的空间无法容纳左转自行车的二次停车（见图 3-10）时，可采用的处理方法是，在进口道，将左转自行车的停车线向后退，前面的空间设置直行直行车的停车区，如图 3-11 所示。

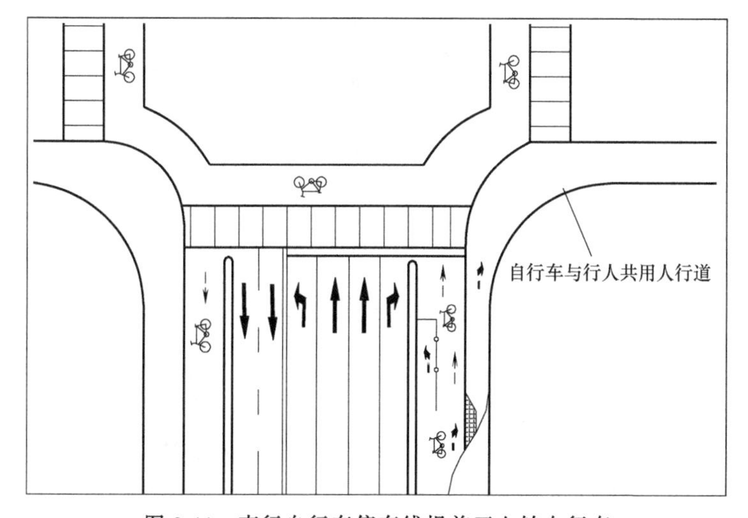

图 3-11 直行自行车停车线提前于左转自行车

④ 自行车远引左转法。左转的自行车先在交叉口直行，到一定距离后再横过机动车道做180°的回转，实现左转，如图3-12所示。这种方法一般在一条次干道与一条很宽的干道相交时采用，而且最好是左转弯自行车在路段上与行人一同从人行横道上横穿道路。该方法的优点在于交叉路口处的左转自行车变直行并且与直线行驶的机动车辆在路段上相交，左转自行车不影响交叉口的机动车通行，可以提高交叉口的通行能力；但缺点是左转自行车的行驶距离增加，左转自行车影响机动车在路段上的通行能力。

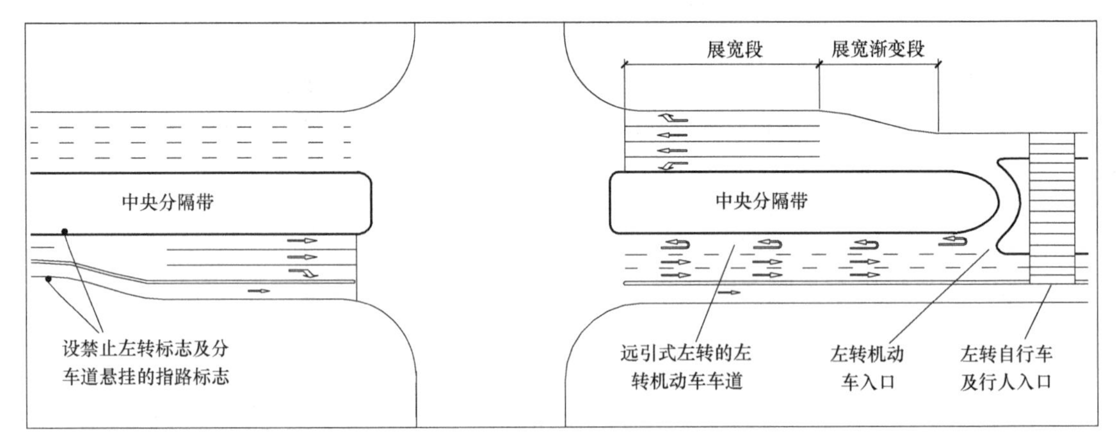

图3-12　自行车远引左转

⑤ 自行车横道。在主干道上施画自行车横道线，提醒驾驶人注意自行车，如图3-13所示。与人行横道一样，自行车在自行车横道线内也是优先行驶的。当机动车遇到自行车横道时，需要减速让行；当横道内有自行车时，让自行车先行通过。自行车横道适用于支路（包括胡同、里弄）与主干道或次干道相交的平面交叉口处，或适用于一些大型建筑物出入口与主路的交叉处。

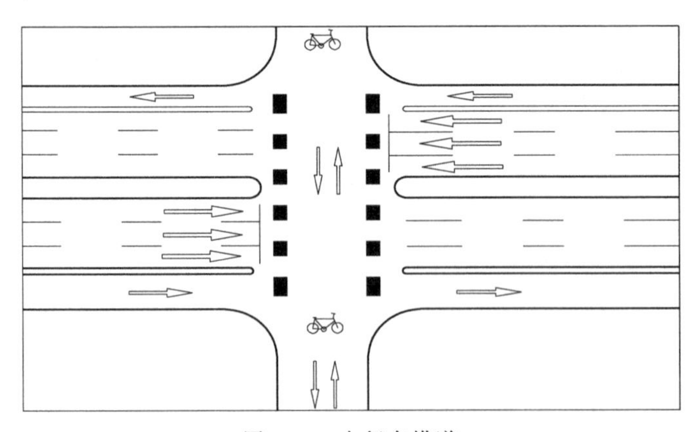

图3-13　自行车横道

⑥ 机动车双停车线。在支路间相交的小型交叉口，一般行人与非机动车占较大流量，因此，这种路口应主要考虑行人与非机动车的通行，限制机动车流量，保持传统的设计。

对于次干路与支路相交的小型交叉口，如果自行车流量较多，可以采用设置两条机动车停车线的措施来减少机动车与非机动车之间的干扰，增强非机动车的安全性同时提高机动车的通行能力。设置两条机动车停车线，高峰时间机动车在第二停车线后停车待行，第一、二

停车线间的区域作为自行车待行区，在绿灯期间自行车可以直接通过交叉路口，如图3-14所示。第一、二停车线间距为：

$$d=\frac{S_b n_r}{W_v+W_b}+1 \tag{3-6}$$

式中 d——第一停车线与第二停车线间距（m）；

W_v——机动车道宽（m）；

W_b——非机动车道宽（m）；

S_b——每辆自行车的停车面积（m^2）；

n_r——红灯期间到达的自行车数。

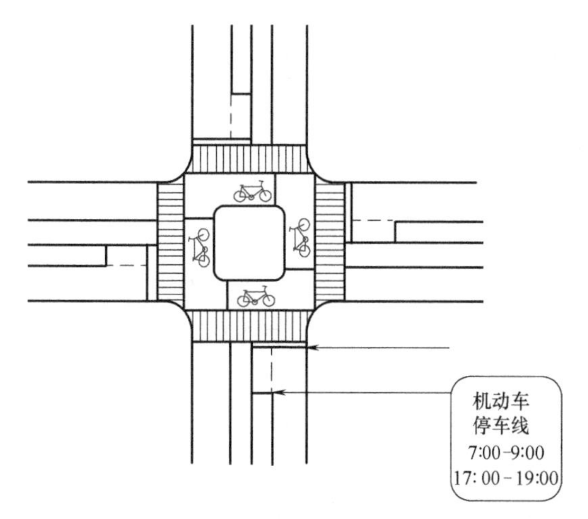

图3-14 支路交叉口设计

2）时间上设计对策和方法

① 绿灯时禁止机动车右转弯。在早晚高峰时段，路口容易发生交通堵塞，尤其是机动车右转流量较大的路口。在这种情况下，可以禁止机动车在绿灯时右转以消除右转机动车辆在高峰时段对自行车和直行机动车辆的干扰，通过控制车道灯，使其在红灯右转，从而减少了机动车与非机动车之间的矛盾，提高了交叉口的通行能力。

② 对右转机动车实行迟启控制。如果根据前面的方法，在自行车通行的绿灯期间，完全禁止右转机动车的通行将不可避免地导致右转车辆的延迟大幅增加，引发新的交通拥堵。根据自行车在绿灯开始、中间、尾期的运行特性，中后期直行左转的自行车密度明显低于初始阶段。此时，可以让右转机动车与少量自行车穿插通行，即右转机动车相对于冲突流向的自行车迟启。

③ 自行车信号的早启早断。在交叉口进口道处，机动车与自行车的停止线仍处于相同位置，但考虑到自行车快速启动且是成群地通过路口的特性，可设置自行车专用信号，可使其绿灯先亮，让自行车组先进入交叉路口，然后点亮机动车交通信号的绿灯，让机动车在自行车之后进入和通过路口。前后两次绿灯时间一般可相差5~15s，具体取决于交叉口的交通量和交叉口的几何尺寸。换句话说，设计自行车专用信号，使自行车早启或机动车晚启。两次绿灯的优点是缓和交叉路口内的交通拥堵，缺点是交通信号周期延长。

除了上述方法以外，还可以采取以下的一些具体的措施：

多相位信号设计，让自行车流渠化或绕行，从而减少冲突点，缺点是增加了信号周期，使车辆的延误增大。

设置立体交叉口或设置地道或天桥，解决交叉口自行车的通行问题。

在自行车流量较小的交叉路口处，合并自行车流和行人流，让自行车流上人行道行驶，自行车通过交叉口后再重新进入自行车道。

根据交叉口的类型和各种车流流量的大小，禁止自行车左转；在自行车高峰期，可以考虑禁止机动车左转或右转。

设置可变车道，根据自行车高峰和平峰期流量差别较大的情况。

（4）摩托车交通的处理

由于摩托车具有启动速度快、机动性良好和行驶空间小的特点，因此在绿灯开始时驶出的车辆大多是摩托车。事实上，在红灯期间，摩托车会通过其他机动车的间隙插入停止线前等待，甚至占用人行横道，因此会出现以下问题：绿灯亮起初期，摩托车会快速驶出，与其他机动车形成冲突，这种相互干扰也会增加其他机动车的启动和加速时间，降低路口的通行能力。

基于以上原因，建议在摩托车流量大于 300 辆/h 的交叉口设置摩托车停车区，具体的设置方案如下：

常见的摩托车几何尺寸一般约为长×宽 = 2m×0.9m，为了使排队的摩托车在绿灯驶出时有一个安全的侧向间距和车头间距，摩托车在停车区每辆占用的面积可取为长×宽 = 2.5m×1.5m。由此摩托车的停车区长度可以设置为 6m，其中 5m 可纵向排两列摩托车，并且预留 1m 的空间，以便后来的摩托车侧向驶入相应的停车区。在停车区，不同流向的摩托车分区进行排队，如图 3-15 所示。

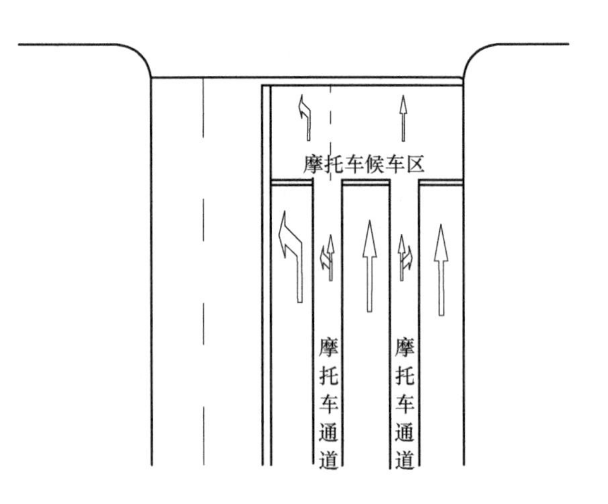

图 3-15 摩托车停车区及进口道车道的布置

（5）对干道平面交叉口有影响的高架道路、地道或互通式立交匝道的处理

在规划和设计高架道路、地道或立交时，匝道出入口应远离附近主要道理的交叉口。为减少对主干道交叉口交通运行的影响，建议按以下要求布置：

① 出口匝道的位置应根据出匝道车辆的左、右转的交通量布置。当左转交通量大时，应将其设在靠近交叉口进口道左转车道与直行车道之间的位置；否则，应靠近右转车道与直行车道之间的位置。

② 出口匝道应分为两个或更多个车道，出口车道功能应根据左转和右转及直行的车流量大小进行划分。

③ 出口匝道的出口段与下游交叉口的入口之间的距离超过 80m，如果距离小于 80m 并且匝道车流与干道车流互换车道有困难时，则可以在交叉口进口道处设置地面入口，并分开设置干路左转车道、直行车道和右转车道与匝道延伸部分的左转车道、直行车道和右转车道，但对此类进口道的信号相位必须采用双向左转专用相位。

④ 当出口匝道有较大的左转需求时，对下游交叉口的交通影响较大，而干道中央部分较宽时，可以对匝道或者交叉口进口道采取禁止左转、在交叉口下游做远引左转的管理疏导措施。在中央带侧必须有一个左转车道，左转弯的入口应在对相的进口道加宽部分范围之外，并且在入口和出口必须设置指路标志（见图 3-16）。

（6）交叉口交通渠化设计

平面交叉口应进行交通渠化设计，包括交通岛、路面标线和交通标志等内容，安全岛应按照人行横道宽度铺设人行道板，如图 3-17 所示。

渠化的路线应该简单明了，它应根据每个流量的安全行驶轨迹进行设计。在交叉路口

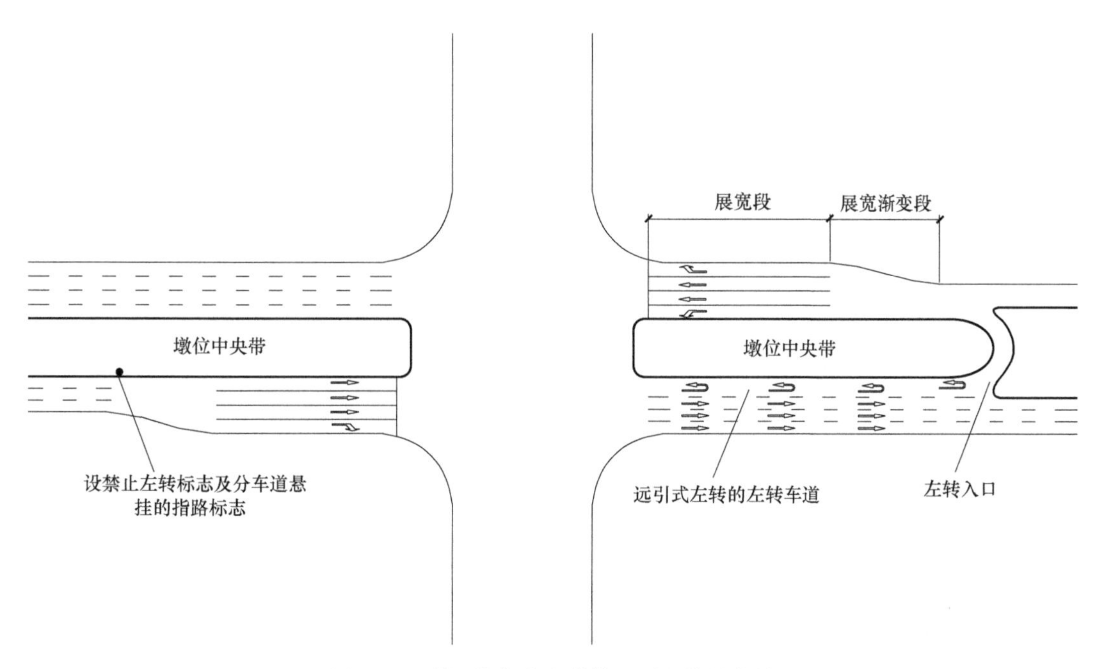

图 3-16　利用墩位中央带做远引左转的布设

中，每个流动方向的交通流轨迹所需的空间之外的多余区域应由标记线或实体构成为引导交通岛。引导交通岛之间的引导车道的宽度应该适当，应避免由于宽度过大引起的车辆并行、抢道现象；右转的车道，应按转弯半径大小加宽车道。

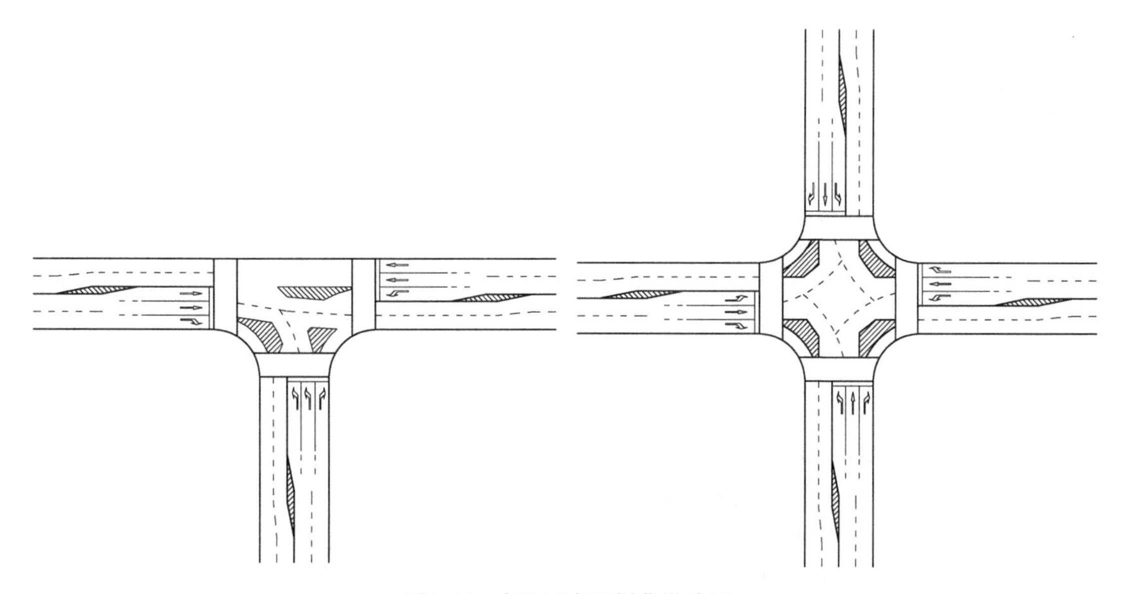

图 3-17　交叉口交通渠化设计图

1）导流线

当交叉口空间较为开阔时，为规范车辆通行，避免发生冲突，可以划定导流线，限定各方向交通流的行驶轨迹，如图 3-18 所示。

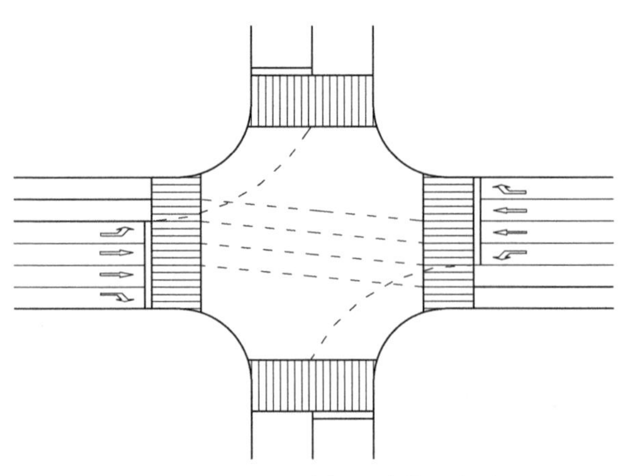

图 3-18　交叉口内部导流线示意图

2）渠化岛

交叉口内设岛是比较常见的现象。图 3-19 给出了典型的设岛方案。但是交通岛存在建设投资大、限制进出口道的拓宽、撞岛事故发生概率增加等问题，因此仍建议通过画线等形式进行交通渠化设计。

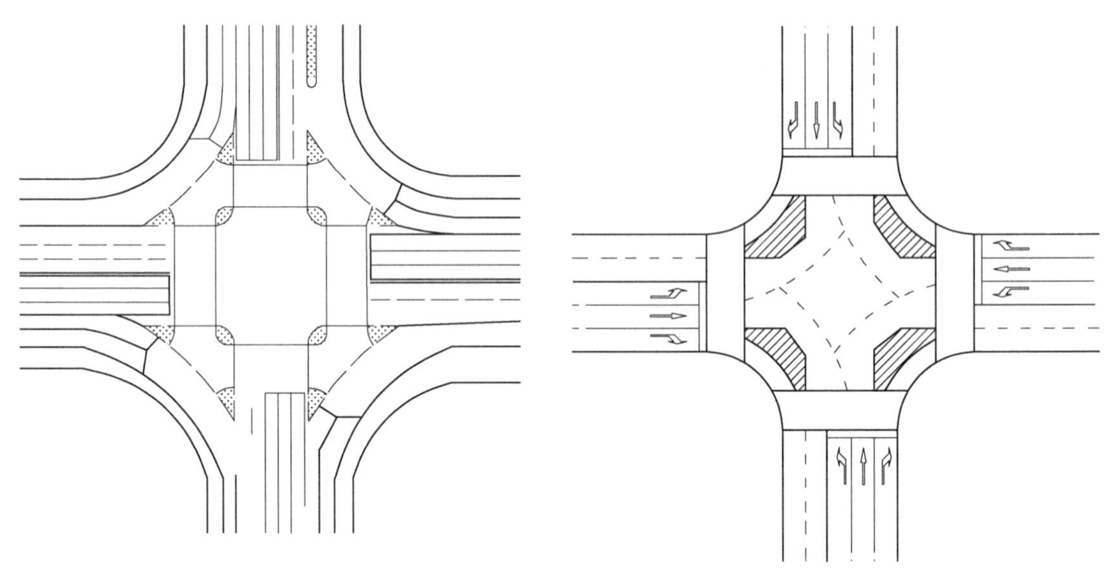

图 3-19　典型的设岛方案

3）交叉口标志标线设计

交叉口范围内应设置必要的路面标线。

当进口道横断面中心线偏移时，应采用“过渡区”标线加以渠化，如图 3-20 所示。

图中，L_d 可按照拓宽条件下确定左右转车道的渐变段长度的方法确定；L_2 视道路空间条件而定，但不应小于 2m。

当进口道向右侧展宽而左转车道从直行车道分出时，应采用“鱼肚”形标线加以渠化，如图 3-21 所示。

图中，L_{d1} 和 L_{d2} 可仿照拓宽条件下确定左右转车道的渐变段长度的方法确定。

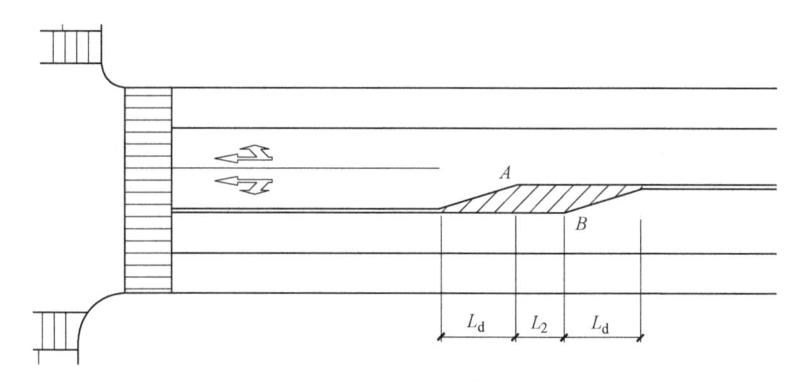

图 3-20　进口道中心线偏移时的“过渡区”标线

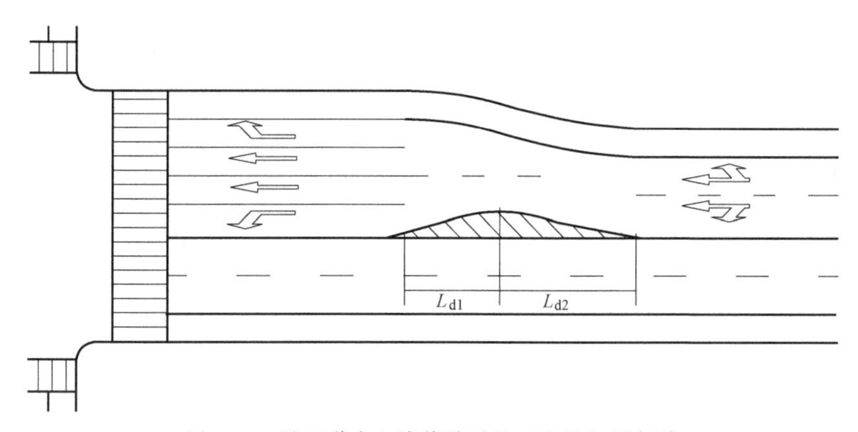

图 3-21　进口道中心线偏移时的“鱼肚”形标线

① 交叉口存在交通信号灯时或者设有停车让行标志时，必须要设置车辆停止线，设计时要考虑以下方面：停车线宜垂直车道中心线设置；交叉口设有人行横道时，停车线建议设在人行横道后 1~2m 处；停车线位置不应对相交道路的交通流构成影响，当相交道路有左转专用车道且左转交通流的转弯半径较小时，其停车线位置可以较同一进口道的直行车道的停车线后退 2~3m。

② 在平面交叉口内部，应选取左转交通流对对向直行交通流影响最小的轨迹划出左转弯导行标线；当交叉口范围较大且进口道中心线有偏移时，对于直行车的行驶轨迹也应设置导行线；当交叉口范围较大且具有可设置左转待行区时，也应划设“左转待行区”。

③ 不同行驶方向的车辆应分线行驶，设置原则如下：

a. 当交叉路口进口道为多车道时，根据交通流向，每条车道应标有明确的箭头标线。

b. 箭头标线的位置按相关规程设计。

c. 对于左转车流量随时间波动较大时，可对应其时变性，用超前提示的可变信息板，动态地显示车道功能，取代地面的车道功能标线。

④ 在下述场合，需要预告前方有行人过街横道，在行人横道前须设置提示标志：

a. 未设交通信号的平面交叉路口或者虽设有交通信号但视线不好的交叉路口。

b. 多车道时，每条车道上都应设置行人横道提示标示。

c. 在有停车、让路标志或有优先区分的平面交叉口，应设置“优先道路预告”标示。

在车速过快，容易引发交通安全问题的地点，采取特殊的措施进行防范，如在右转车转弯半径较大的交叉口，防止右转车高速直接汇入主线车流产生冲突，可以设置隔离桩，使得右转车逐步汇入，如图 3-22 所示。在人流量大，事故多发的路段，可以采取视觉障碍的方法，使得机动车减速，如图 3-23 所示。

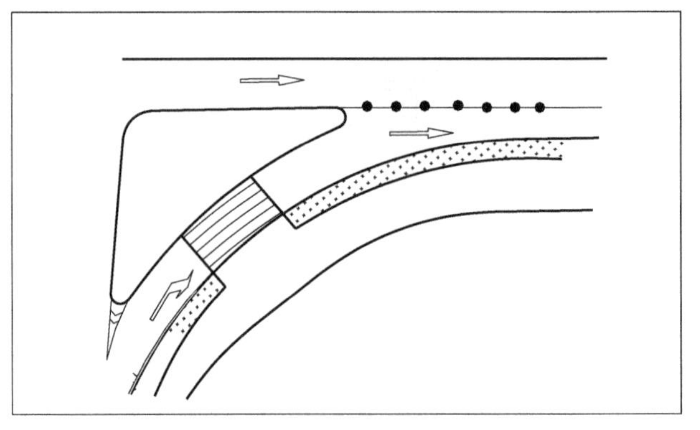

图 3-22　设置栅栏降速

(7) 路口交通标线设计

路口交通标线包括人行横道线、停止线、导流线、减速让行线、非机动车禁驶区、左弯待转区、左转弯导向线、直行导向线、右转弯导向线等。

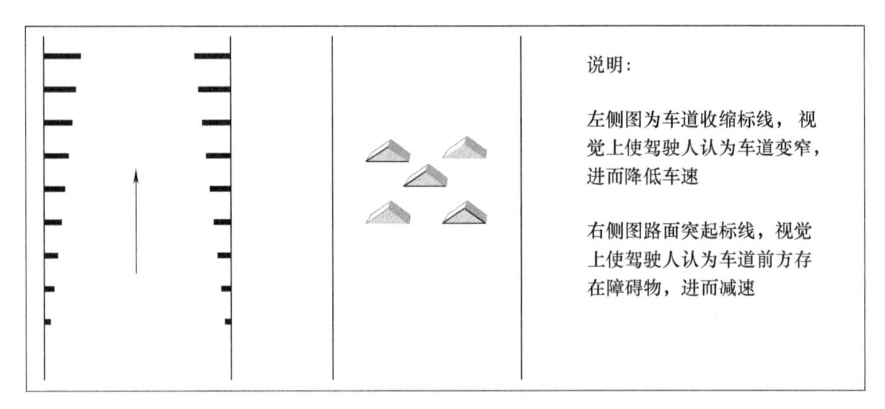

图 3-23　设置视觉障碍降速

1) 人行横道线

在保证车辆转弯顺畅的前提下，路口人行横道线尽量靠近交叉路口中心，以缩短行人通过路口的时间，并考虑几个方向上人行横道的连续性，与人行步道连接且避开电线杆、灯杆、绿植等影响行人正常行走的永久设施。

一般情况下，人行横道线内沿与路缘石延长线之间预留 0.5~1m 空间，以保证路口内机动车、非机动车与行人之间的安全距离。如果影响车辆转弯，人行横道线可视路口情况，在路缘石延长线后适当位置设置。

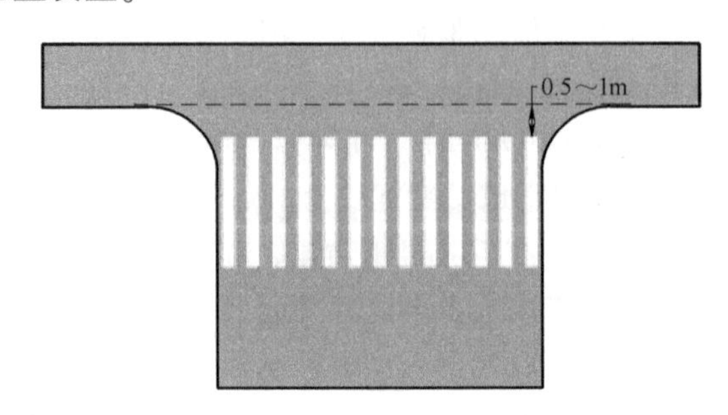

非常规路口的人行横道应根据路口情况具体设计，尽量选择行人横穿车道的最短距离，减少绕行。

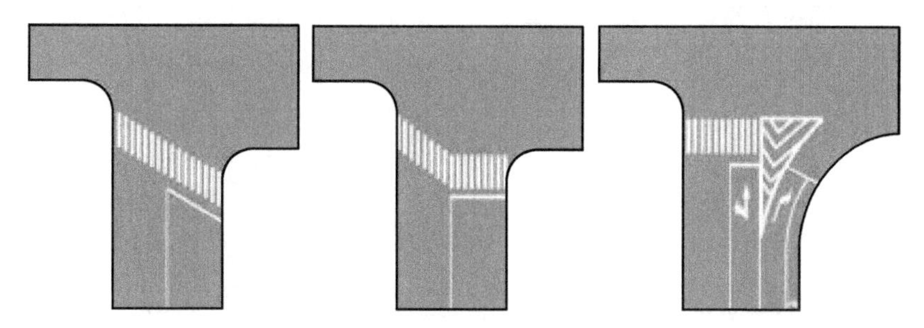

路口人行横道宽度一般为5m，行人流量较大或路面空间较大时，可按1m为级增加宽度；道路宽度小于15m且机非混行的，路口人行横道可适当缩小宽度，但最窄不得小于3m。

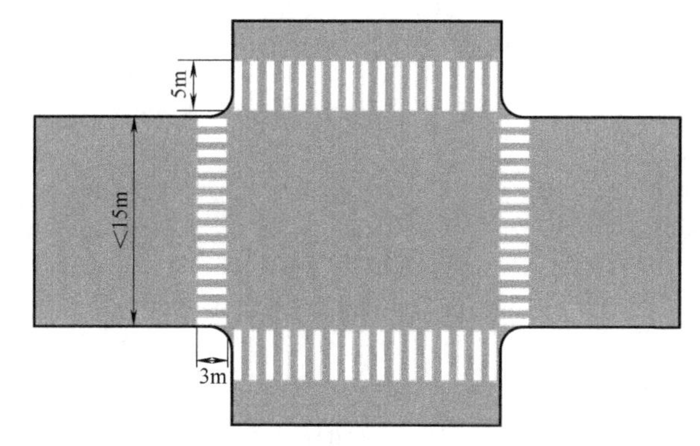

除特殊要求外，路口人行横道均按国标施划。在实际应用中确定人行横道间隔时，应尽量使车辆车轮穿过标线的间隔部分，减少车轮对标线的磨损。

2）停止线

停止线标明了红灯信号周期内驾驶人停车等待的地点，应设置在最有利于驾驶人停车观察信号灯的位置。在路口条件允许的情况下，应尽量靠近路口的中心，有利于车辆快速通过路口，提高路口的通行能力，同时还要兼顾安全距离等各种因素。

在设置人行横道的路口入口，停止线应距人行横道线外沿（远离路口中心的一侧）1～3m设置。

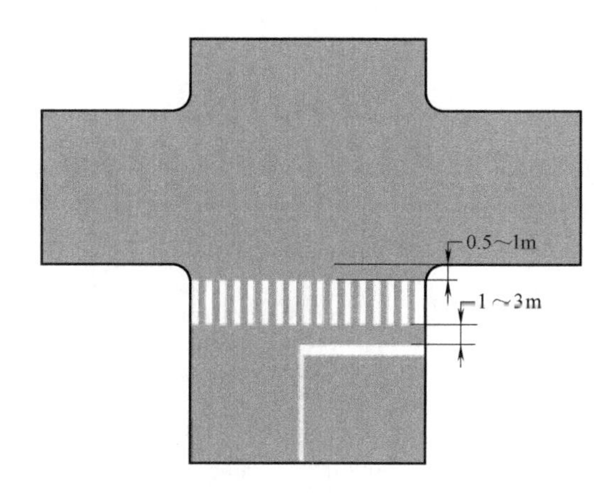

在无人行横道的路口入口，停止线应在距横向路缘延长线 1~3m 处设置。

非常规路口的停止线可以根据实际情况设置成斜形或阶梯形。

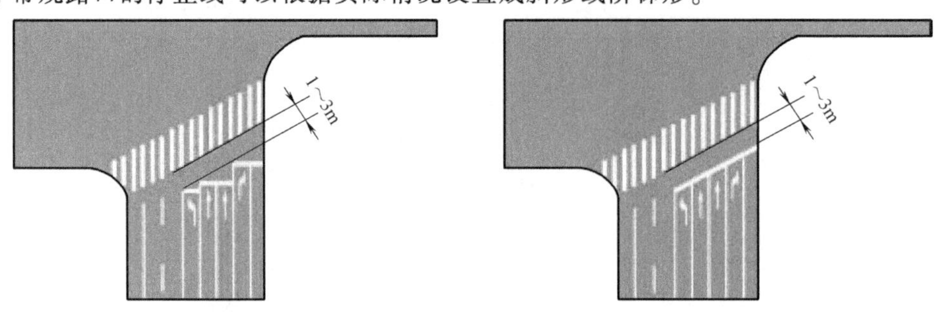

减速让行线或停车让行线定义了交叉路口的通行优先权，设置位置距路缘延长线或人行横道外沿 1~3m。

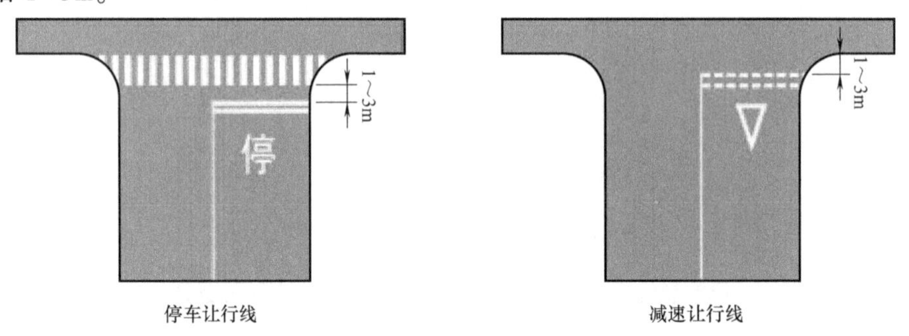

停车让行线　　减速让行线

3）非机动车禁驶区标线

非机动车禁驶区是由黄色虚线包围的封闭四边形区域，在 4 个方向上设有左转弯停止线（黄色实线）和路面标记，表示禁止非机动车辆从十字路口中心区域行驶。

非机动车禁驶区应在 4 个方向能明确区分机动车道和非机动车道的路口内设置。

路口入口不设置专右车道的情况下，非机动车禁驶区轮廓线应设置在相交道路机非分道线（单幅面道路）或主路外侧路缘线（三幅面及其以上道路）的延长线上；路口入口设有专右车道的情况下，禁驶区轮廓线应设置在专右车道左侧的导向车道线的延长线上；轮廓线外侧距人行横道不得小于 4m，无人行横道的则距停止线不得小于 4m，内侧距路口中心位置或中心圈不得小于 5m。

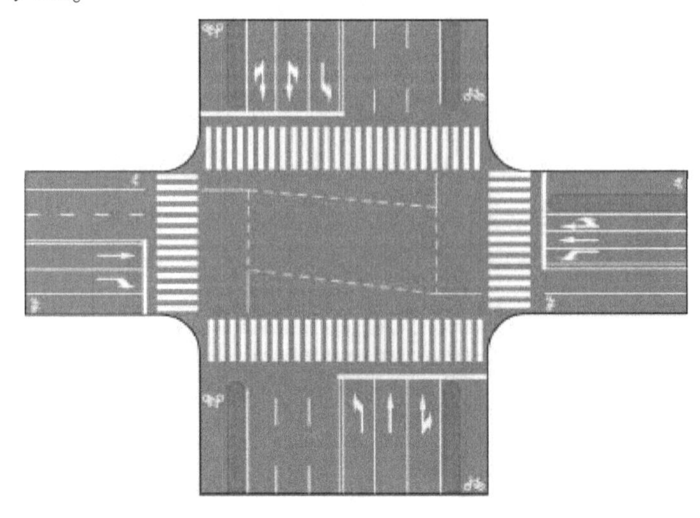

非机动车禁驶区矩形区域的4个夹角位置应配合设置非机动车二次停止线和路面指示文字“左转弯停止线”。

路口面积较小或路口对向出入口错位距离过大，不宜设置非机动车禁驶区。

非机动车禁驶区的设置要符合非机动车的行驶轨迹；非机动车二次停止线的设置要兼顾直行机动车和左转非机动车的通行便利，不得妨碍该方向右转弯机动车的正常行驶。

4）左弯待转区线

交叉路口设有左转专用车道灯控时，可设置左弯待转区。左弯待转区标线为两条平行且略带弧形白色虚线，前端配合设置停止线。

左弯待转区的设置条件：路口相对两个方向直行车流之间有足够的车辆等待空间，路口入口设置有左转专用车道。路口太小，左弯待转区太短，设置左弯待转区严重影响直行车辆通行的情况下，不应设置左弯待转区；设有专左相位信号灯但相位顺序为先放行左转车流后放行直行车流的条件下不设置左弯待转区。

左弯待转区末端应尽量向前延伸至路口的中心，但其末端不得越过对向直行车道的延长线，不得妨碍对向直行车辆的正常行驶。

左弯待转区内应配合设置白色“左弯待转区”路面文字标识。

路口入口设置有两条及其以上左转专用车道时，外侧左转专用车道的待转区可略长于内侧车道，以利于通行。

在有条件的地点左弯待转区可以设置成少变多条的形式，以充分利用空间，增加左转弯的通行能力。

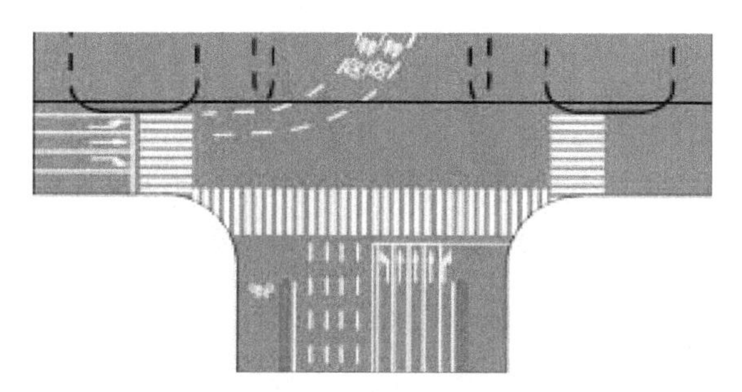

5）导向线及导向箭头

① 左转弯导向线。左转弯导向线是弧形的白色虚线，应该非常规路口使用。设置在左转车流量大的方向上，规范左转机动车的行驶轨迹，提高车辆通行速度并降低事故发生率。

在路口入口设有两条专左车道的情况下，应设置3条左转弯导向线。

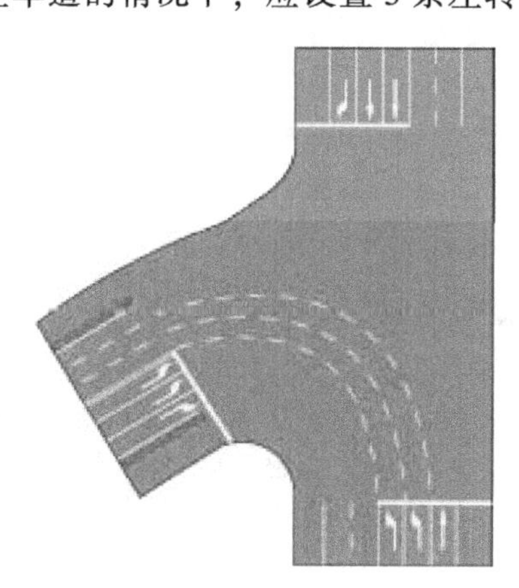

左转弯导向线不应在路口内交叉，两条相对的导向线之间应保证 1m 以上的安全距离。

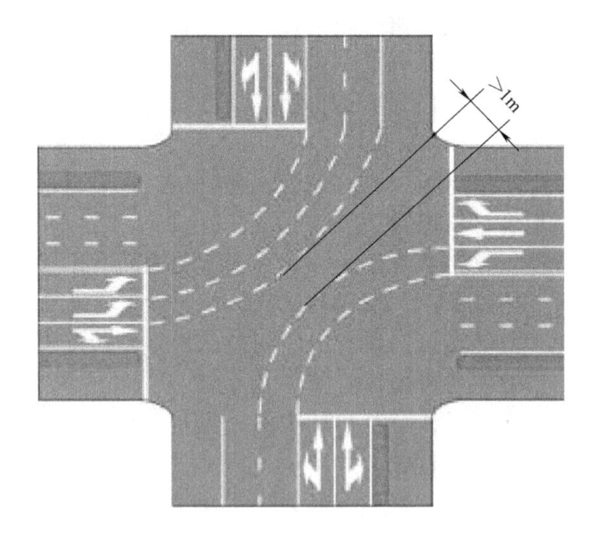

② 右转弯导向线。右转弯导向线是从右转弯机动车道外侧的机非分道线或路缘线（三幅面及其以上道路情况下）末端为起点，沿机动车右转轨迹设置的白色虚线，终点连接到路口出口机非分道线或路缘线起始点，用以规范右转车辆的行驶轨迹。

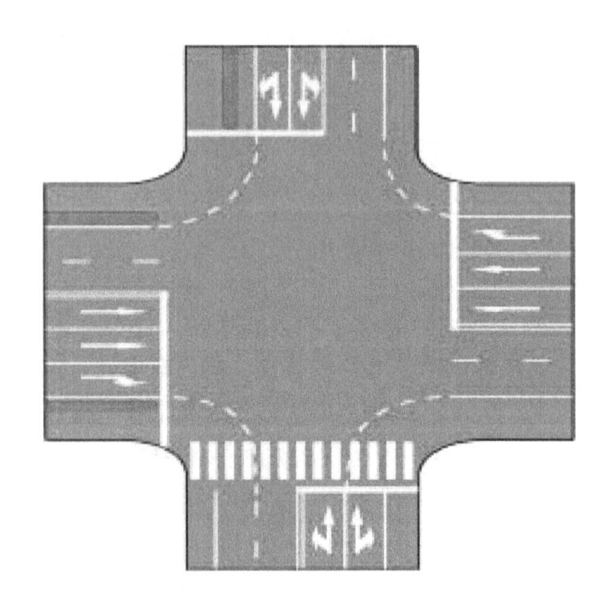

右转弯导向线在路口人行横道内的部分不设置。

③ 直行导向线。当交叉口的直行车道入口与同一方向的出口车道之间存在错位时，可能会导致事故发生概率增加，可根据实际情况设定直行导向线，以规范直行车辆的行驶轨迹并减少事故率。

直行导向线在路口内不应交叉。

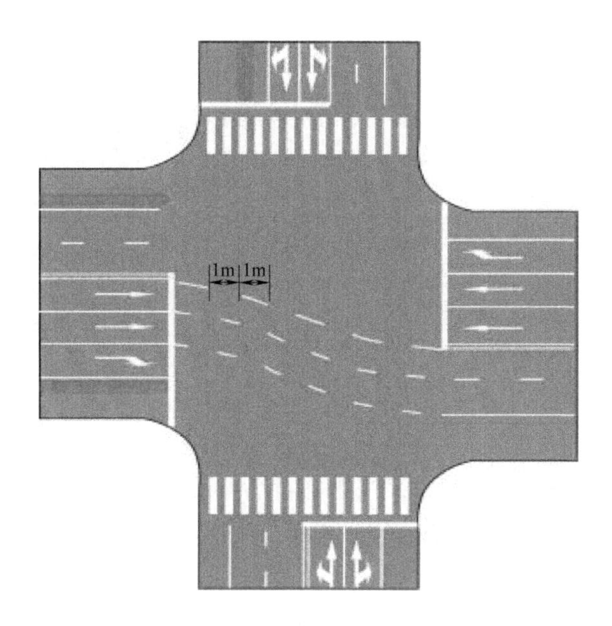

④ 导向车道线（禁止变换车道线）。导向车道宽度应根据路口实际情况，兼顾交通安全的因素设置，一般为3m，不得小于2.8m。

导向车道线长度为30~50m。特殊情况下可根据道路状况和交通管理的需要适当延长或缩短。

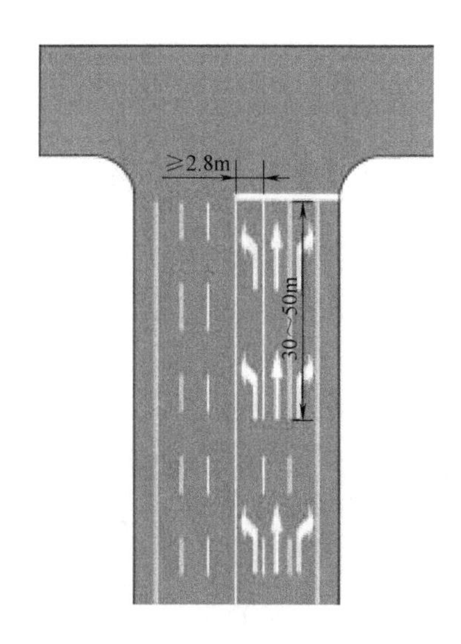

临近路口的路段内车行道数量少于导向车道数量时，导向车道线与车行道分界线应平滑顺畅连接。

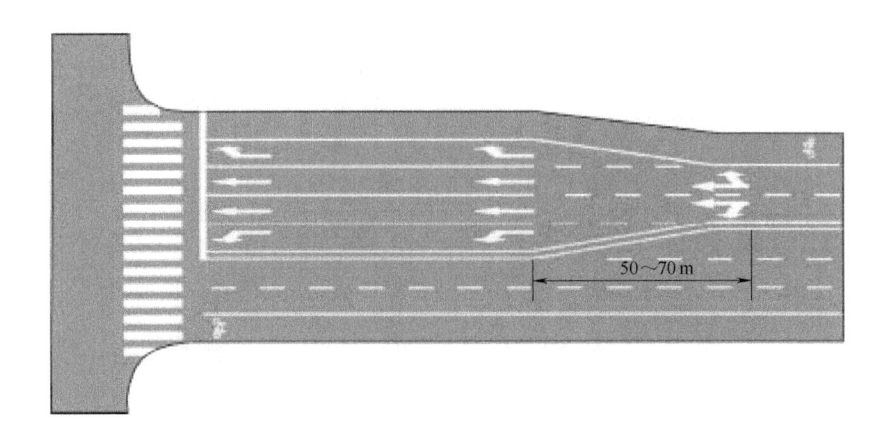

⑤ 导向箭头。导向箭头用来指示车道的行驶方向。路口各方向进口渠化段应设置三组导向箭头；如果道路条件受限，导向车道长度小于 25m，可设置两组导向箭头，第二组作为预示箭头设置在适当位置。

三组导向箭头的设置原则如下：第一组导向箭头设置在距停止线 3m 处，第二组设置在导向车道的起始位置，尾部与导向车道线平齐，第三组作为预示箭头，设置在距第二组箭头 30~70m 处，预示箭头指示方向应与前方导向车道允许流向保持一致。

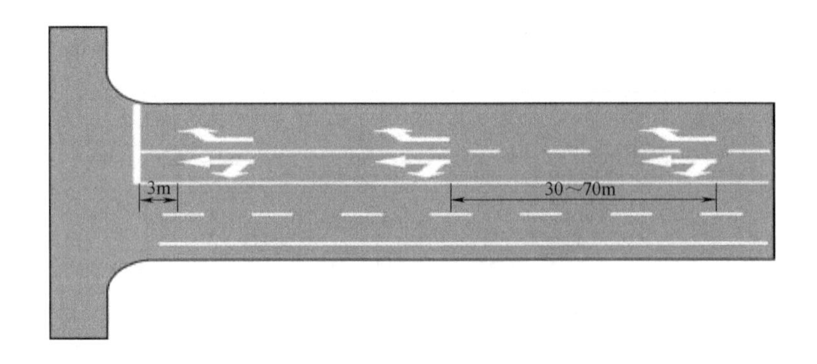

限时禁止左（右）转弯的路口应设置白色直行箭头，配合设置限时禁左（右）黄色箭头、黄色叉形和黄色时间文字标记。

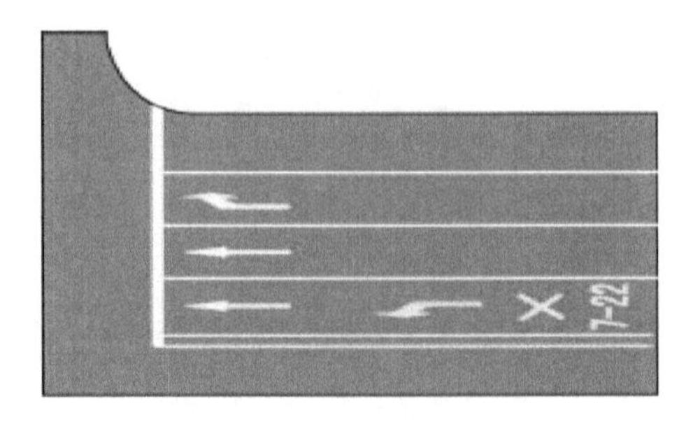

6）导流带标线

导流带标线颜色一般为黄色或者白色，是用于引导车流的标线。一般情况下，白色标线

用来分隔两支同向行驶的交通流，黄色导流带用来分隔两支对向行驶的交通流。当导流带用来分隔三支（及其以上）不同方向行驶的交通流时，应设置成白色。导流带填充线的间距为1m，大面积导流带填充线间距可适当加宽。导流带填充线的方向与相邻车道来车方向呈45°夹角。

导流带的形状、大小、面积没有特定的标准，应根据道路具体情况设置。

导流带的设置应考虑车辆最小的转弯半径，符合车辆的行驶轨迹，兼顾车辆行驶的安全与舒适。导流带的边缘线应与邻近的路缘线、车道分界线或中心线顺畅连接。

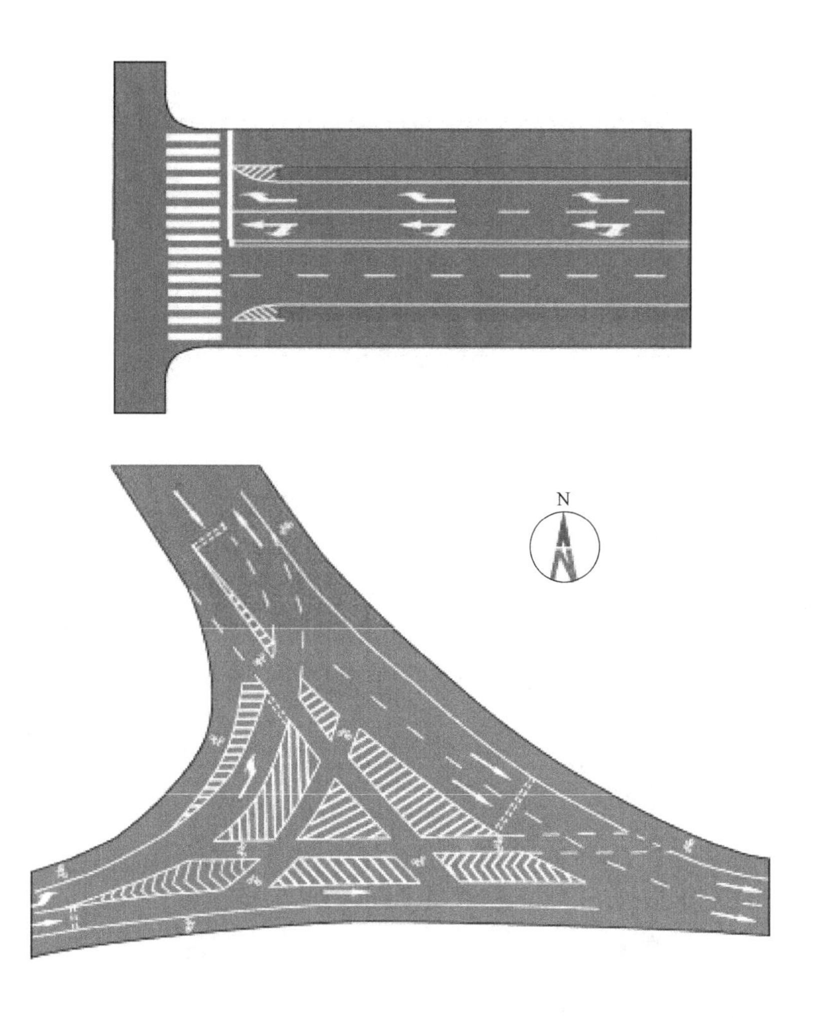

导流带的设计要充分体现“以人为本”“以车为本”的原则。在具体设计中，可以用观察法确定导流带形状：在需要渠化的路口附近观察车辆行驶轨迹，被绝大部分车辆碾轧的区域为车行道，没有或很少被车辆碾轧的区域为导流带的填充区域。

（8）信号灯设计

信号灯应设置在便于观察的位置（见表3-6），不应当被路面其他设施和路树遮挡；不应当有其他灯光（如彩灯、霓虹灯）干扰；其背景不应有彩色宣传品（如广告牌、彩旗等）影响信号灯的使用。

表 3-6 信号灯的设置应满足视距要求

道路设计车速/(km/h)	30	40	50	60	70	80
距停车线最小距离/m	50	65	85	110	140	165

1）机动车信号灯设置

① 一般原则。机动车信号灯一般采取对向灯设置，应遵循以下标准：在导向车道停止线中点处，左右 30°角范围内，且来车方向距停止线 150m 左右范围内应能清楚地观察到信号灯的变化。

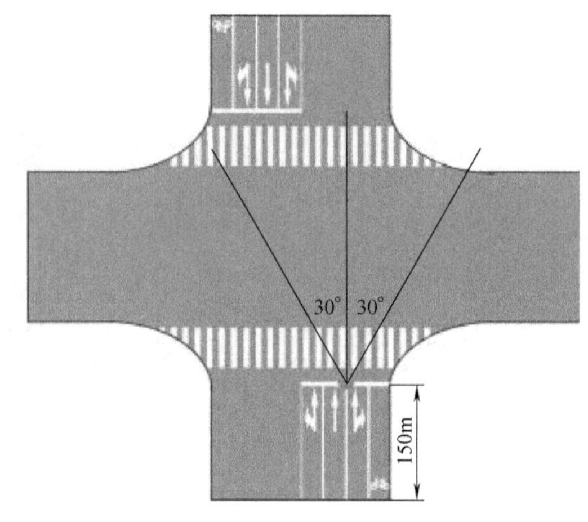

② 设置位置。如果路口仅安装一组信号灯时，应设置在出口位置。当停车线与信号灯的距离大于 50m 时，应在进口处增设一组信号灯；当停车线与信号灯的距离大于 70m 时，信号灯应用 $\phi400$ 灯具。

a. 单幅面道路的对向机动车信号灯位于路缘切点或切点左右适当位置。一般设置在道路右侧采用悬臂式或者设置在道路两侧路缘线切点或切点左右采用立柱式。

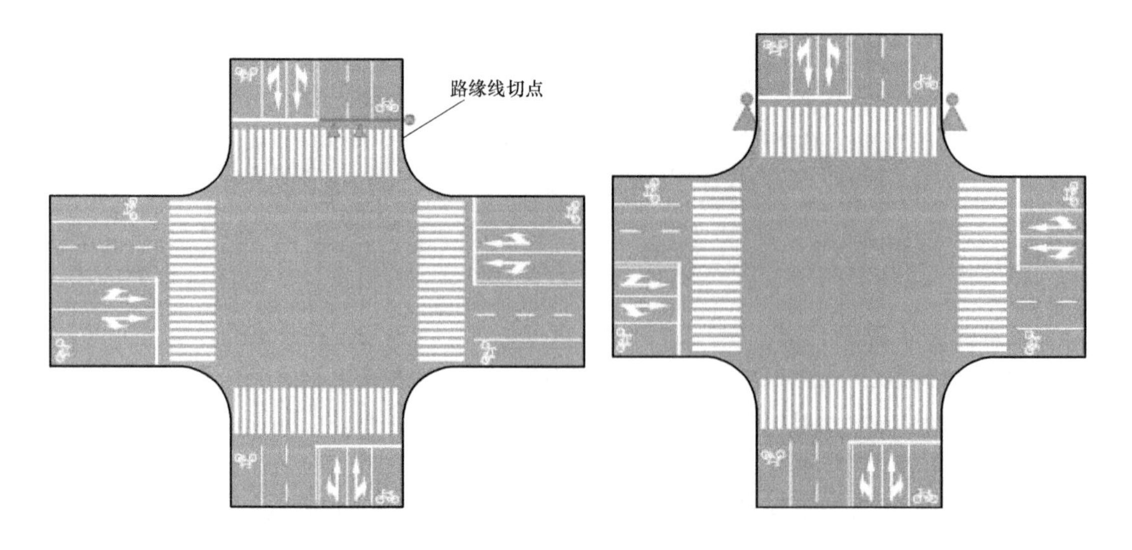

b. 三幅面道路的对向机动车信号灯灯杆位于机非隔离带缘头切点向后 2m 以内。

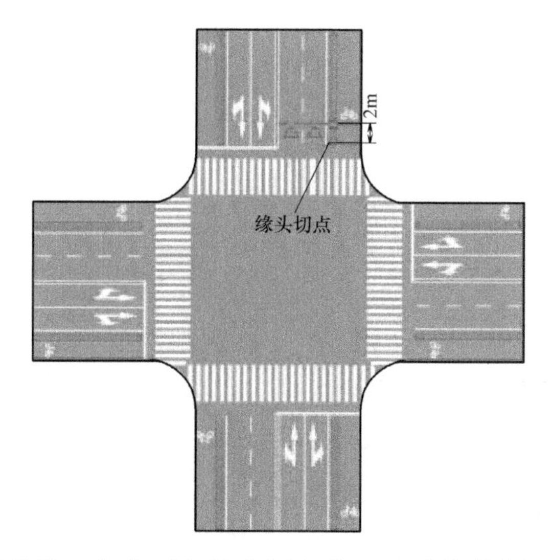

c. 二幅面或四幅面道路，除在对向机非隔离带（或路缘外侧）设置机动车信号灯外，在中心隔离带上也应设置机动车信号灯。

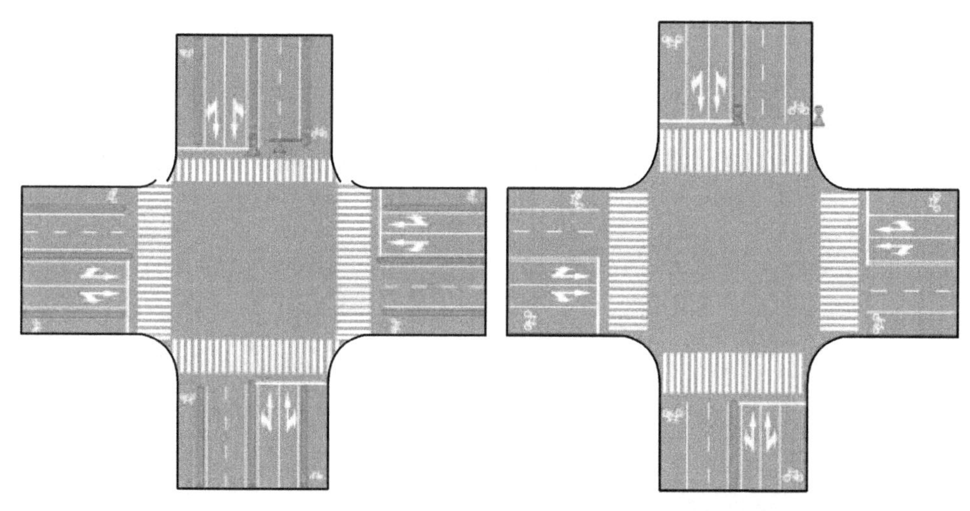

d. 立交桥下机动车信号灯安装于桥体上，在本方位隔离带（或路缘）可再设置一组。桥下划有停止线时，立交桥另一侧设置对向机动车信号灯。

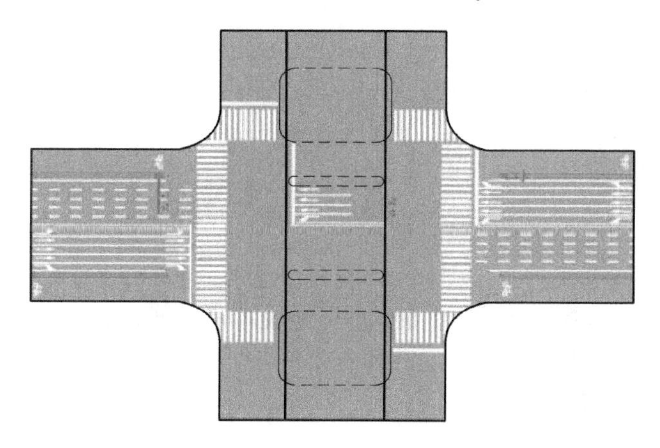

e. 环岛设置机动车信号灯，对进出环岛的车辆进行控制。也就是说，环岛内层四组信号灯分别指示环岛四个进口处的机动车，环岛外层四组信号灯指示环岛四个出口处的机动车灯。

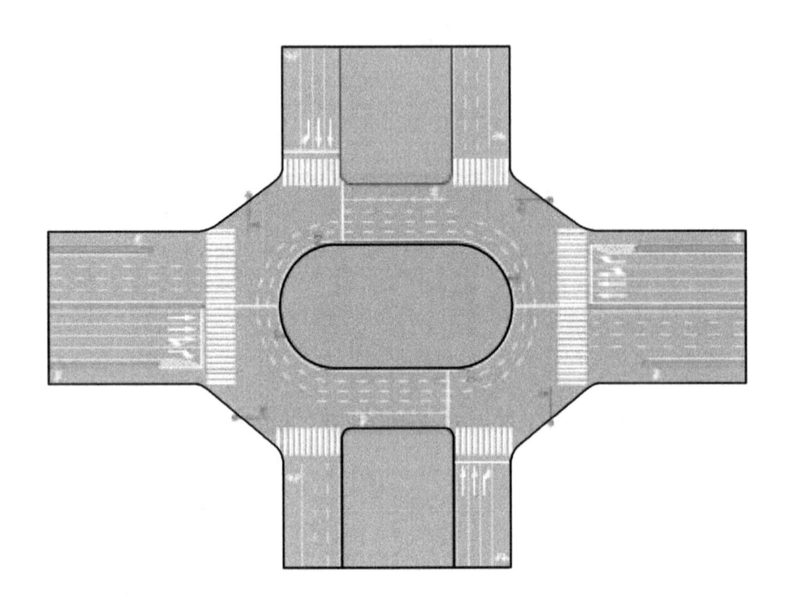

f. 左转弯二次信号灯的设置。立交桥下路口或较大的平交路口划有左弯待转区时，进入左弯待转区的车不容易观察信号灯的变化，应增加左转弯二次信号灯。左转弯二次信号灯应采用长筒形信号灯，正对左弯待转区停止线。

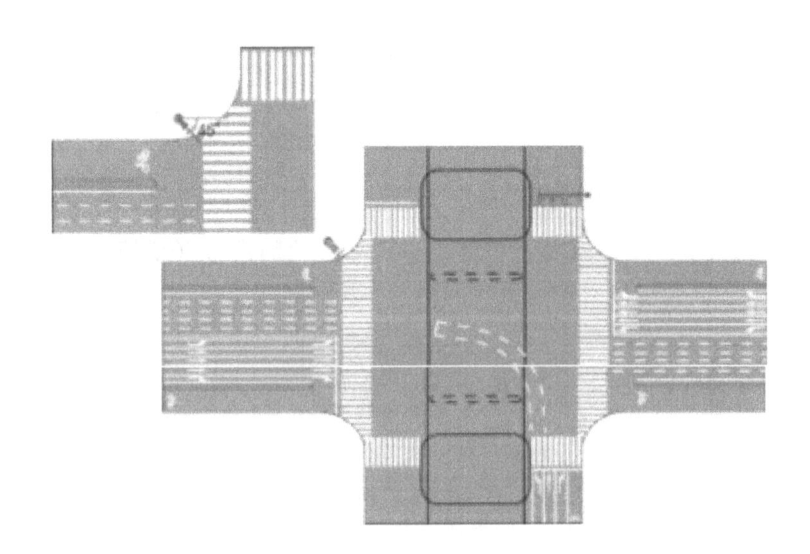

g. T 字形交叉路口信号灯灯具的选择。T 字形交叉路口垂直于右侧无横道的方位，左右转不分开放行的，应设置圆形信号灯；T 字形交叉路口垂直于右侧无横道的方位，左右转分开放行的，应设置左右箭头信号灯。

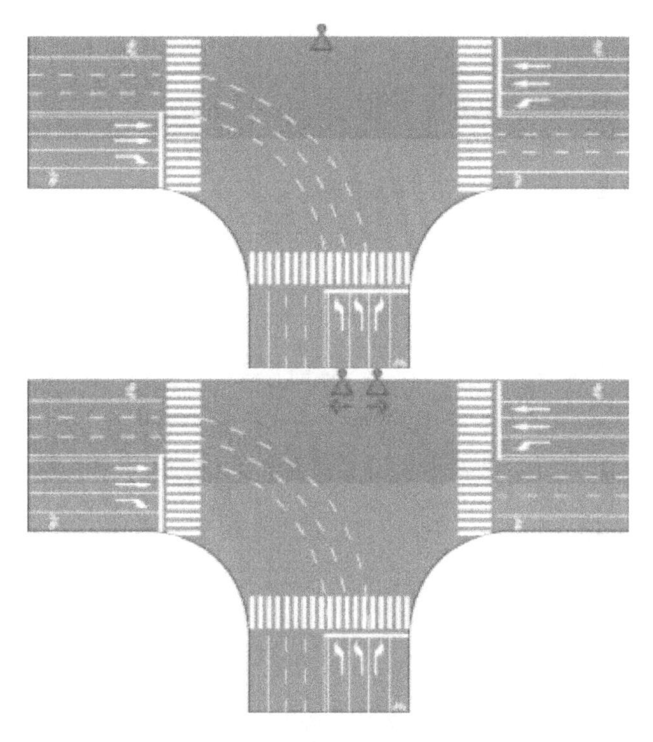

h. 有机动车右转导流岛的右转机动车信号灯的设置。

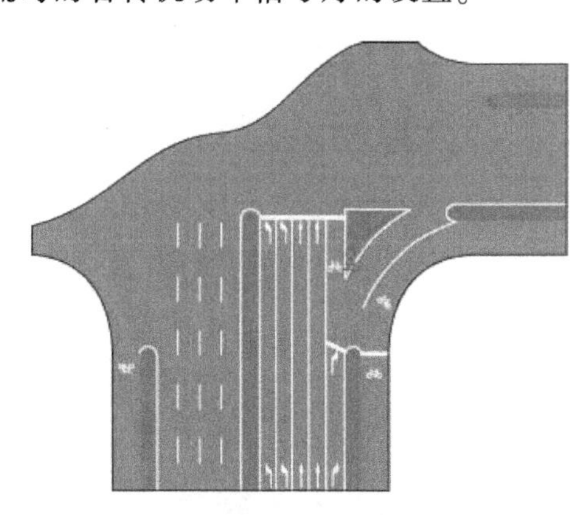

③ 灯杆伸臂长度的一般规定。灯杆的臂长最长不超过最内侧车道中心，最短一般不小于最外侧机动车道中心。

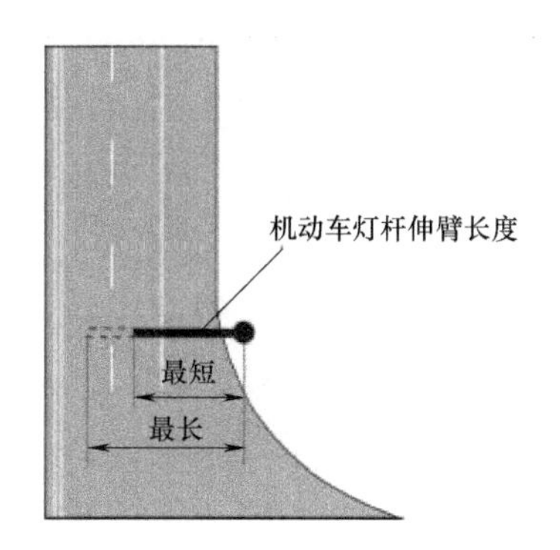

④ 安装数量。

a. 进口导向车道为 1 条时，安装一组信号灯。

b. 进口导向车道为 2~4 条时，安装两组信号灯。

c. 进口导向车道大于 4 条时，安装三组信号灯。

d. 多相位路口根据相位需求设置灯具数量。

2）非机动车信号灯设置

① 一般原则。路口设非机动车道时必须设置非机动车信号灯。

② 设置位置。

a. 单幅面道路的对向非机动车信号灯一般附着于机动车信号灯灯杆上。

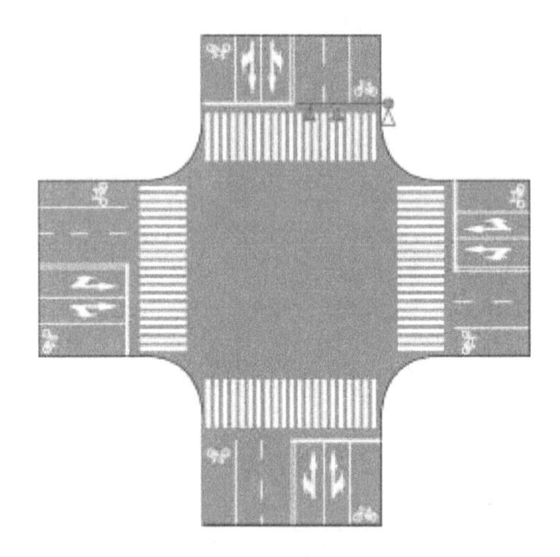

b. 三幅面道路的对向非机动车信号灯采用双伸臂灯杆或在路缘设置非机动车信号灯灯杆。

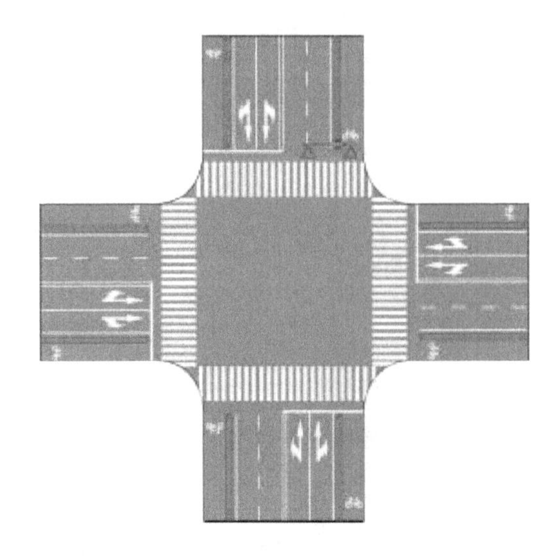

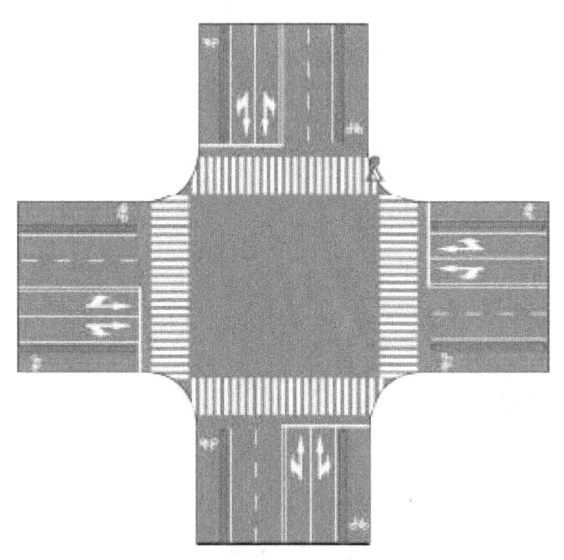

c. 在与之交叉的道路宽度不小于 30m 时，除在对向设置非机动车信号灯外，可在进口方向再设置一组非机动车信号灯。

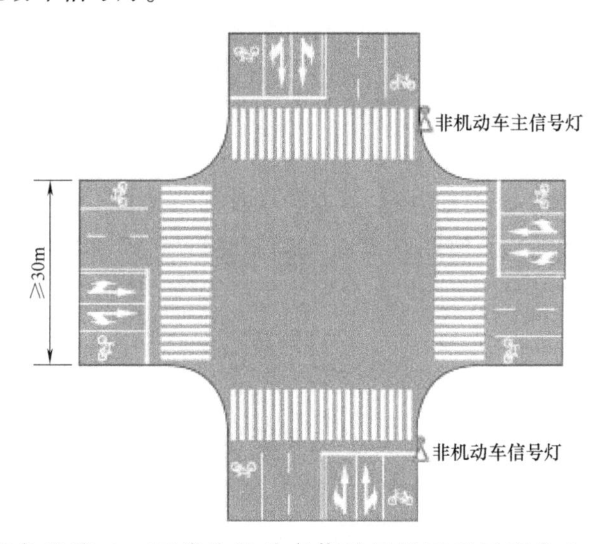

d. 在设置有导流岛的路口，可将非机动车信号灯设置于导流岛上。

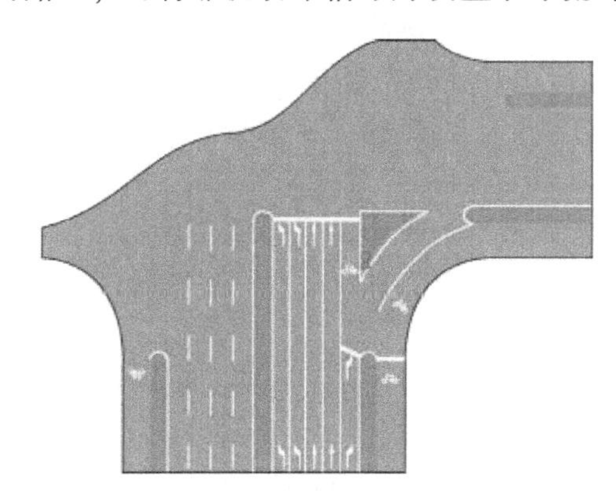

e. 立交桥下非机动车信号灯安装于桥体上，在本方位路缘可再设置一组。立交桥下有非机动车停止线时，立交桥另一侧应设置对向非机动车信号灯。

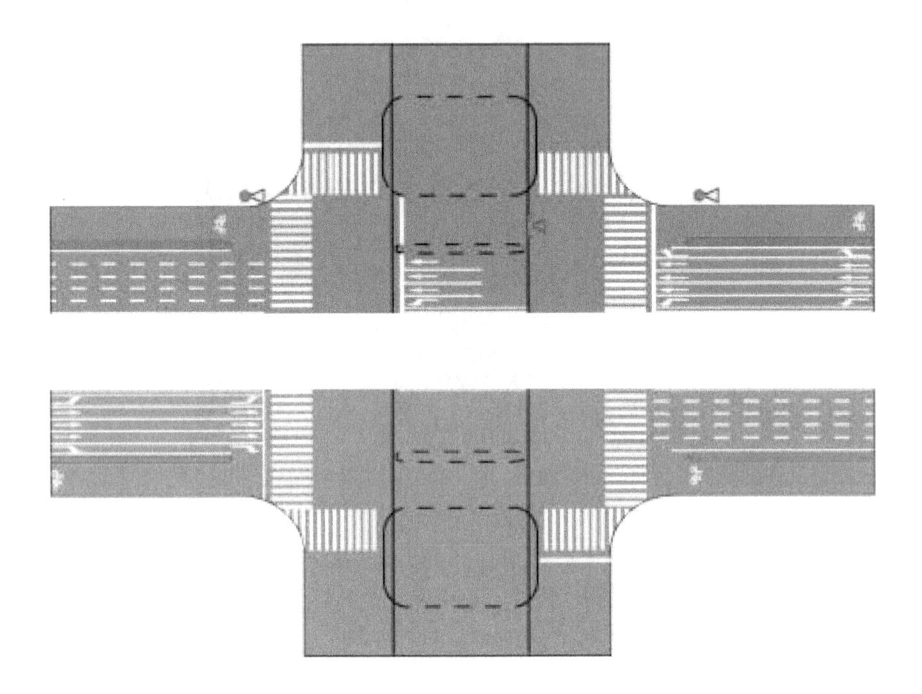

f. T字形交叉路口无横道一侧一般设置左转弯非机动车信号灯。单幅面道路左转弯非机动车信号灯除在本方位设置外，有非机动车禁驶区的路口，在有横道一侧对向位置也应设置非机动车信号灯。

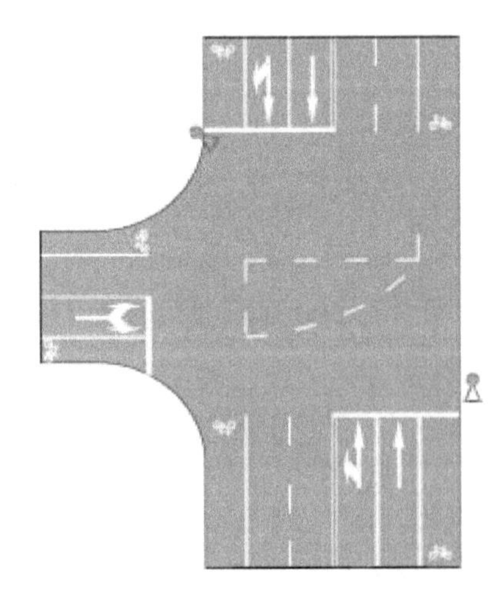

3）人行横道信号灯设置

① 一般原则。人行横道信号灯采取对向灯安装，在人行横道两侧对角设置。

② 设置位置。

a. 人行横道信号灯安装在人行横道的内沿或外沿。

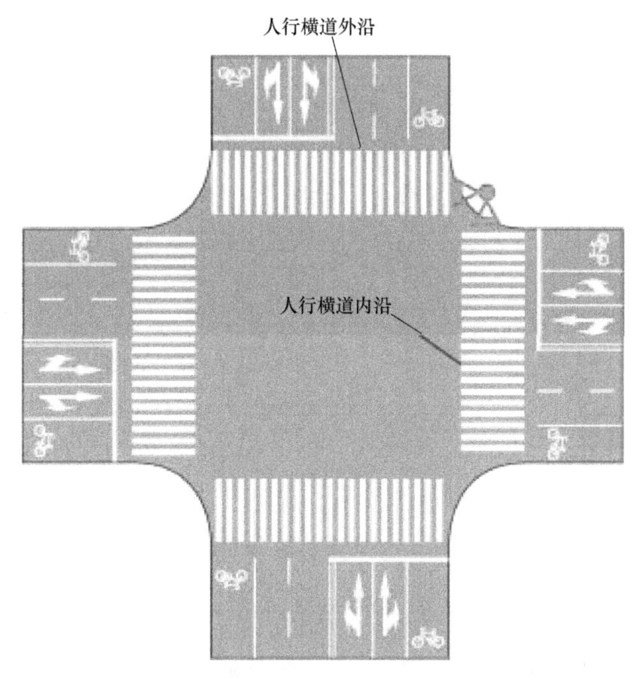

b. 人行横道跨越隔离带（或立交桥下）时，应在隔离带上设置对应的人行横道信号灯。

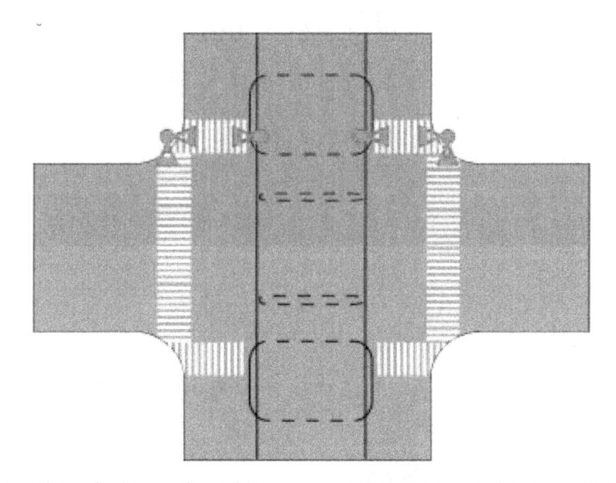

c. 路段人行灯。在道路条件允许的情况下，尽量设置成行人二次过街。

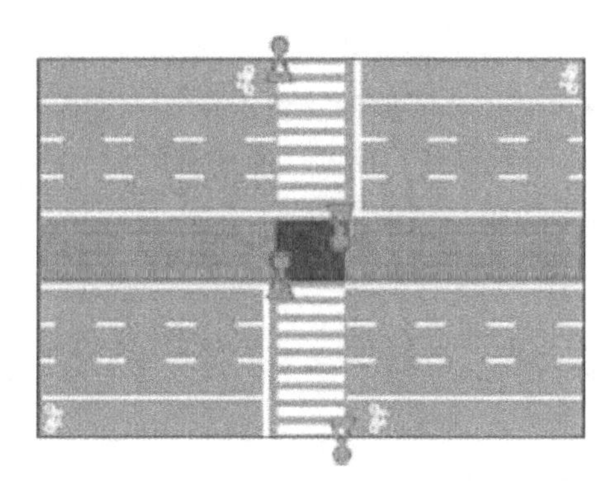

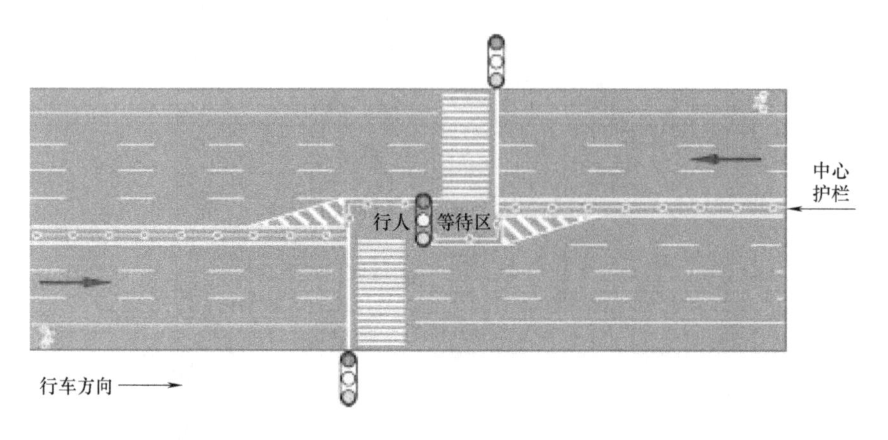

3.1.2 路段的交通设计

1. 人行道设计

路段人行道的设计，要充分考虑行人通行的安全性、畅通性和舒适性，尽量避免与车辆共用通道。

(1) 宽度设定

人行道的宽度应根据行人通行需求和人行道设计通行能力确定，最小不得小于1.5m。

(2) 隔离措施

在人行道边缘需采用隔离设施，可以设置绿化带将人行道与非机动车道隔开，避免行人穿越；当人行道设计为行人与非机动车共用时，可以采用不同地面铺装或绿化带将行人与非机动车隔离。

(3) 其他

人行道上的公共设施，如电线杆、防火栓、各类标志标牌等，一般设置在人行道边缘(经常设置在绿化带宽度范围内或行道树之间)，不得妨碍行人的正常通行。另外，考虑到残疾人的出行需求，应进行无障碍设计，宽度足够条件下宜设置盲道。

2. 行人过街通道设计

路段行人过街横道的设计，既要保障行人过街的安全性和便捷性，又要尽量减少行人过街对车辆通行的干扰。

(1) 位置选择

行人过街横道的设置，应在一条道路上整体考虑。首先设置在交叉路口，然后根据交叉口间距、道路性质、车流量、公交车站及附近建筑物的出入口等情况，考虑路段中间是否必须且可能增设行人过街横道。在主干路和次干路的路段上，行人过街横道间距宜为250~300m。为确保行人过街安全，在下列地段不宜设置行人过街横道：

① 弯道、纵坡变化路段等视距不良的地方。

② 车辆转弯进出特多又不能禁止的地方。

③ 瓶颈路段。

④ 信号交叉口附近宜设置信控的行人过街横道，并应与交叉口进行协调控制。

(2) 宽度设定

行人过街横道的最小宽度不得小于3m，当行人过街需求较大时，可根据需求和设计通

行能力适当增加整数米。

（3）视认性

行人过街横道应设置相应的指示标志，包括注意行人标志、行人过街横道标志、行人过街横道预警标示等，用来提醒行人及驾驶人注意。

（4）路段行人二次过街方案

当道路宽度超过四条机动车道时，应在中央分隔带或机非分隔带上设置行人驻足区（见图 3-24），设置右转折线形过街横道，以解决无法实现行人一次过街的问题。为方便盲人通行，人行道及分隔带与行人过街横道衔接处应进行无障碍设计。

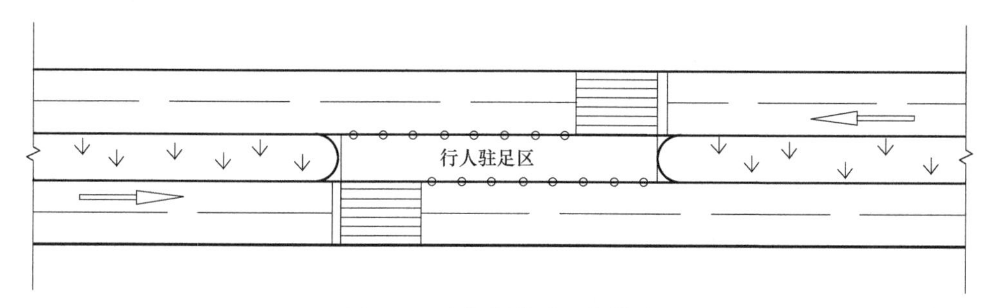

图 3-24　右转折线形过街横道

（5）过街天桥或地道的设置条件

当道路处于人流密集地区（如商业街、金融街）时，行人过街需求较大，可结合实际条件和需求设置人行天桥或过街地道。表 3-7 给出了城市主次干路设置行人过街天桥或地道的基本条件。如果实际情况不宜设置人过街天桥或地道，则应设置行人过街信号灯，相位时长应根据行人所需过街时间而定，行人过街步行速度可取 1.2m/s。

表 3-7　城市主次干路设置行人过街天桥或地道的基本条件

道路性质	行人过街交通平均饱和度	机动车交通平均饱和度	人均待行区面积
主干路	≥0.85	≥0.7	行人待行区人均面积< 0.6m²/人
次干路	≥0.85	≥0.75	

注：行人待行区人均面积=行人待行驻足面积/待行行人数。

3. 非机动车道设计

非机动车道的设计要保证非机动车通行的安全性、连续性，避免与行人、机动车之间的相互干扰。

（1）宽度设定

非机动车道的条数根据高峰小时交通量和单车道设计通行能力来确定，非机动车道宽度应为单车道宽度的整倍数值，单向行驶最小宽度不得小于 2m，单车道宽度可取 1m，路段可能通行能力推荐值，有分隔设施时为 2100 辆/(h·m)，无分隔设施时为 1800 辆/(h·m)。三幅面或四幅面道路的非机动车道上，如有允许机动车顺向行驶　段距离，则应适当加宽非机动车道路面宽度。

（2）隔离措施

非机动车道与机动车道之间可以用绿化带、栅栏或仅用画线的方法进行隔离，尽量避免机非混行。如果人行道宽度足够大，可以在人行道上划设非机动车道，再用绿化带或不同铺装将行人和非机动车流隔离。

(3) 道路改建时对非机动车道的考虑

我国早期建设道路的非机动车道设计得较宽，而随着经济的发展，自行车数量大幅下降，已出现非机动车道道路资源闲置的状况。为充分利用非机动车道道路资源，缓解机动车道交通压力，可以考虑采取以下改建措施（见图 3-25～图 3-27）：

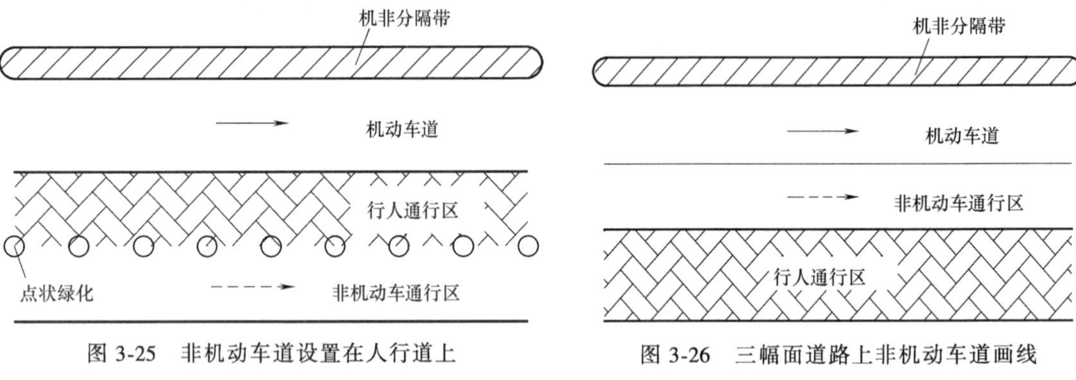

图 3-25　非机动车道设置在人行道上

图 3-26　三幅面道路上非机动车道画线

① 如果人行道宽度较宽且非机动车交通需求很少，可以在人行道上划设非机动车道，将非机动车道改造成机动车道。

② 如果非机动车道宽度不小于 7m，而非机动车需求不大，可将非机动车道划为两部分，分别供机动车与非机动车使用。仅在部分停靠点、停靠站和交叉口区域，对人行道进行缓坡无障碍设计，让非机动车上人行道行驶，以避免机非冲突。

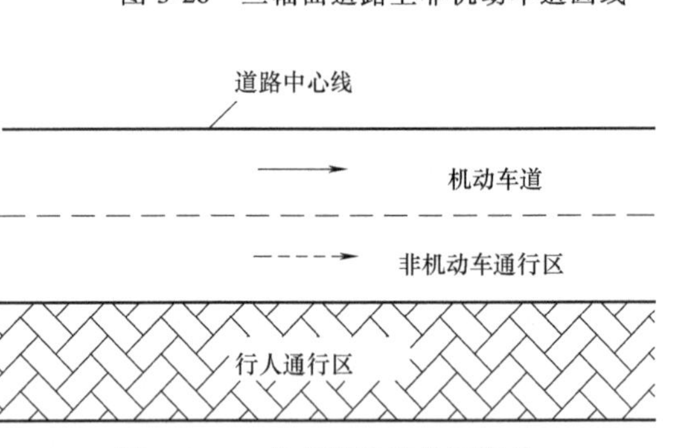

图 3-27　一块板道路机非画线分

③ 如果非机动车交通量存在明显的时变性，可对非机动车道进行动态管理。如在早晚非机动车高峰时段，可禁止机动车入内通行；在平峰时段，则允许机动车出入进行临时停车，甚至可以变换非机动车道为机动车道而让自行车上人行道行驶。

④ 一幅面道路机非画线分隔。在次干道和支路上，如果机动车与非机动车混行，无法保障非机动车的行车安全，机动车的通行速度也受影响；因此建议在满足机动车道宽度的前提下，划出剩余空间给非机动车通行，使机动车与非机动车均有明确的通行空间，减少相互之间的干扰，增强非机动车行驶的安全性。

4. 路段进出交通设计

路段进出交通设计要考虑车辆进出的便捷性和对交通干道的干扰问题，尽量避免左进左出。

设计方法

为减少车辆直接左转进出，可以考虑采用网络交通组织的方法，使车辆绕道而行，或者使车辆利用交叉口实现左转调头，或者在路段上设置回头车道和回头通道。

① 以设置在路边的公交起终点站为例，为避免公交车直接左转出站，可以利用周围路网组织“右进右出”，如图 3-28 所示。

② 三幅面道路上，应尽量保持机非分隔带的连续性，出入口的机非分隔带开口间距一

般不低于 200m。在沿线交叉口间距较小的情况下，车辆可利用交叉口实现左转。交叉口进口道上游有高架下匝道时，可以考虑在交叉口利用墩位中央带做远引左转设计。

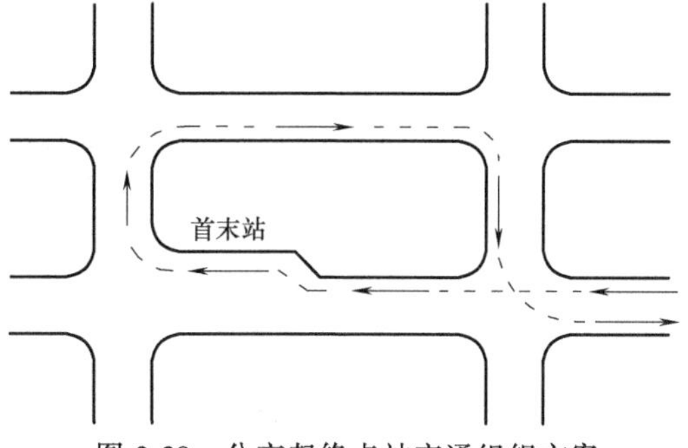

图 3-28　公交起终点站交通组织方案

③ 两幅面道路上，在中央分隔带宽度不小于 4m、单向机动车道不少于 3 条的情况下，一般可设置回头车道和回头通道，以解决路段上左转进出的问题。当车辆回头需求较小时，可以让回头车辆在回头通道停车待行，而不需再进行其他的渠化措施；当车辆回头需求较大时，则可以在对向划出避让线，如图 3-29 所示。若中央分隔带宽度较大，且车行道宽度亦较大，则可考虑压缩中央分隔带以设置左转待行区段和左转汇入区段，如图 3-30 所示。

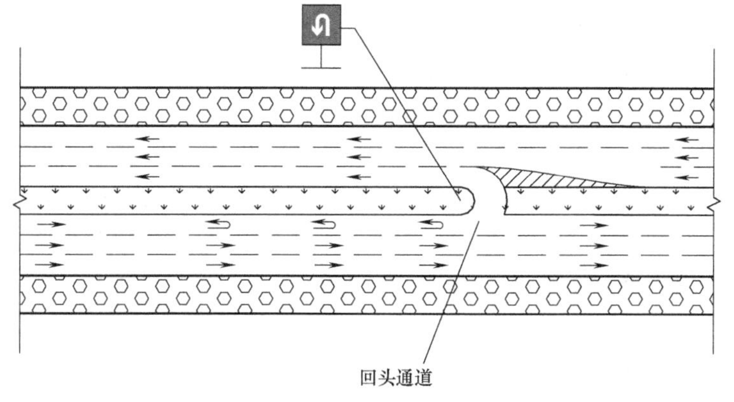

图 3-29　回头通道设计示意图一

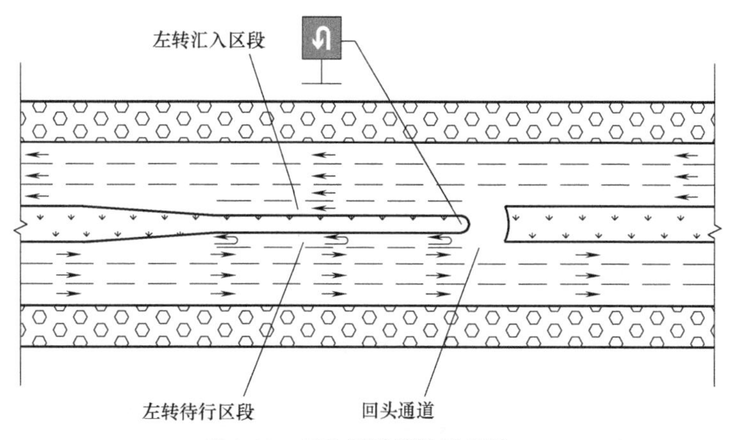

图 3-30　回头通道设计示意图二

④ 对于某些特殊的大型交通集散点，可以允许车辆直接左转进出。宜将其门前路段上中央分隔带断开一段距离，在其门前右侧设置左转待行区段，如图 3-31 所示。必要时还可进行感应信号控制，以方便车辆左转进出；为更好地解决问题，还应做好前后临近交叉口的交通组织管理，通过组织绕行路线，尽量减少经过该集散点的车流。

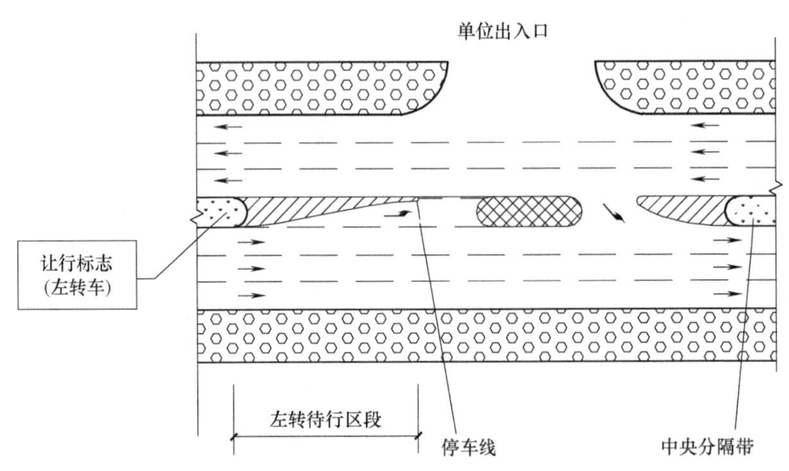

图 3-31 路段出入口前左转待行区设计示意图

5. 机动车道设计

机动车道的设计要保证机动车通行的连续性、安全性，避免与行人、非机动车发生干扰，还要尽可能减少机动车相互之间的冲突。

(1) 宽度设定

机动车道宽度，应参考单车道宽度的整倍数值。根据机动车高峰小时交通量和单车道设计通行能力，来确定机动车道的条数。一条车道可能通行能力推荐值见表 3-8。路段上单车道宽度应根据其上行驶车辆的车型和设计车速来确定，一般最大宽度不宜超过 3.5m，最小宽度不宜低于 3.0m；对于靠近中央分隔带、机非分隔带或人行道的机动车道，其外侧应有不低于 0.25m 宽的安全距离。

表 3-8 一条机动车道可能通行能力

设计车速/(km/h)	50	40	30	20
可能通行能力/(辆/h)	1690	1640	1550	1380

(2) 隔离措施

城市快速路及设计车速不低于 50km/h 的主干路上，应设中间分车带来分隔对向交通，特殊情况下可采用分隔物，不应采用双黄线。在其余低等级道路上，若无法采用硬质分隔，可以用双黄线来分隔对向交通。

(3) 车道管理

对车道管理可采用有单向交通、变向交通和专用车道等措施。

1) 单向交通

单向交通又称单向线，是指在该道路上的某些车辆在某些时段只能按一个方向行驶的交通。单向交通可分为固定式单向交通、定时式单向交通、可逆性单向交通、车种性单向交通等。单向交通降低了对向行车的冲突，有利于提高道路通行能力和行车速度，降低了交通事故发生率。一般说来，具有相同起终点的两条平行道路，且长度在 350~400m 以内，车道宽度狭窄且不宜拓宽，交通流量较大，易发生严重交通阻塞，可采用单向交通；具有明显潮汐交通特性的道路，且其宽度不足 3 车道，建议采用可逆性单向车道。

实行单向交通要注意的是，应充分考虑引起的车辆绕行问题，规划好周围的交通组织，同时设置醒目的交通标志引导驾驶人注意提前规划路线，尤其是在单向交通与双向交通的过渡路段。

2）变向交通

变向交通又称“潮汐交通”，是指在不同的时间内变换某些车道上行车的方向性或种类性的交通。变向交通可分为方向性变向交通和非方向性变向交通。

方向性变向交通，指在不同的时间内变换某些车道上行车的方向性的交通。它可使车流量方向性分布不均匀现象得以缓解，从而提高道路的利用率。其实施条件如下：机动车道宽度不低于双向 3 车道；道路上交通量方向分布系数 $K_D>2/3$；道路上重交通方向在使用变向车道后，通行能力应得到满足；同时，轻交通方向在去掉变向车道后，剩余的通行能力也能满足交通量的需求。

实施方向性变向交通，在路段上每隔一段距离都要设置门架式车道指示灯，以指示车道方向（见图 3-32）。

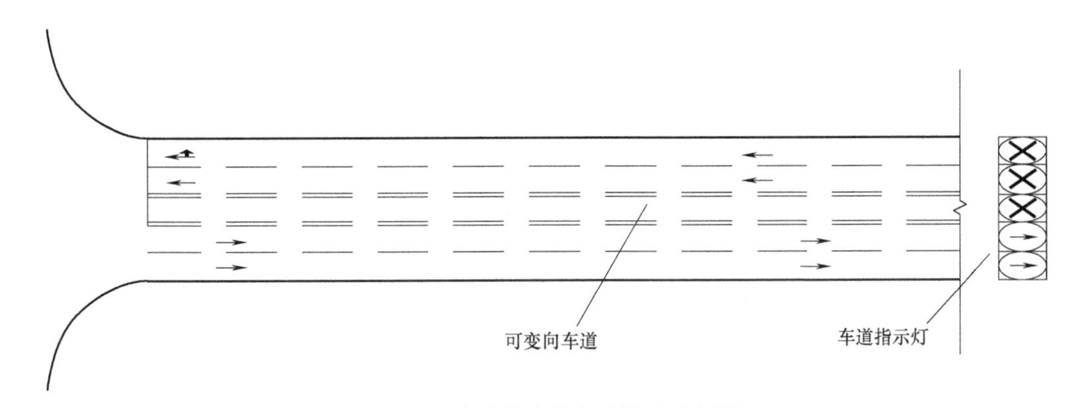

图 3-32　方向性变向交通设置示意图

非方向性变向交通，是指在不同的时间内变换某些车道上的行车种类的交通，可分为车辆与行人、机动车与非机动车之间相互变换使用的变向车道。例如，在非机动车早高峰时间，变换机动车外侧车道为非机动车道；到了机动车高峰时间，则变换非机动车道为机动车道，同时让自行车在人行道行驶。非方向性变向交通对缓解各种不同类型的交通在时间分布上不均匀性的矛盾有较好的效果。设计原则如下：非机动车借用机动车道仅适用于一幅面和两幅面道路，借用后剩余机动车道的通行能力应可以满足交通量需求；机动车借用非机动车道，应安排好非机动车的行驶区域，保证其通行安全。行人借用车行道适用于中心商业区，除定时步行街外，要对机动车流进行分流疏导和控制。

3）专用车道

专用车道主要是指公共车辆专用车道，公共交通载客量大，人均占用道路面积小，设置公共车辆专用道可提高公共交通的运行效率和服务质量，从而减少城市交通量、避免早晚高峰拥堵。具体措施包括，开辟公共汽车专用线、公共汽车专用街及公共汽车专用道路，发展城市轨道交通和地铁等。

6. 出租车临时停靠点设计

出租车临时停靠点的一条重要设计原则是，在交通不安全的地方及停车会严重影响交通的地方，不允许设置车辆临时停靠点。

（1）位置选择

在人流密集集散点附近，可设置出租车临时停靠点，车位排列一般采用平行式。如果附近设有公交停靠站，则出租车临时停靠点应与公交停靠站分割一段距离，宜设置在公交停靠站的上游至少50m处。

（2）管理措施

出租车临时停靠点应采取相应的管理措施，确保不影响其余车辆的正常行驶。比如只允许在临时停靠点上下乘客，且临时停车时间不得超过3～5min。另外，出租车临时停靠点需配有明确的交通标志，将停车收费标准、停车时限予以明示。

7. 公共交通设计

公共交通设计主要包含公交停靠站、公交专用道设计两大内容。

公交停靠站的设计包括站点位置的确定和站台形式的选择，以及站台尺寸、候车亭形式等的设计。

公交专用道的设计应充分考虑公交线网的合理化，面向干线公交线路，确保其优先通行条件的改善，同时尽可能减小对社会交通的影响。

（1）公交停靠站的站点位置选择

一般规定，在交叉口附近，公交停靠站应设置在离交叉口50m以外；对于新建、改建交叉口，公交停靠站应设置在平坡或坡度不大于1.5%的坡道上，当地形条件受限制时坡度最大不得超过2%。

一般规定，上、下行对称的站点宜在道路平面上错开，即交叉设站，其错开距离应不小于30m。

（2）公交停靠站的站台布置方式

按其设置的位置，分为沿人行道边缘及沿机动车与非机动车道分隔带设置两种；按几何形状又分为港湾式和非港湾式两类。

① 在快速路和主干路及郊区的双车道公路上，公交停靠站不应占用车行道，应采用港湾式布置，市区的港湾式停靠站长度，应至少有两个停车位。对主干路而言，如果两侧路网比较发达，可以考虑结合附近大型交通集散点将公交站点设置在相邻支路上。

② 符合以下情况时，应设置港湾式停靠站。

a. 机非混行的道路，且机动车只有一条车道，非机动车的流量较大（1000辆/(m·h)以上，人行道宽度≥7.0m时）。

b. 机非混行的道路，高峰期间机动车、非机动车交通饱和度皆大于0.6，且人行道宽度≥7.0m时，可设外凸式港湾停靠站（非机动车交通流在驶近公交停靠站时上行人道行驶）。

c. 机动车专用道路，外侧流量较大（不小于该车道通行能力一半），且外侧机动车道宽度+人行道宽度≥8.25m时。

d. 沿分隔带设置的公交停靠站，最外侧机动车道宽度+分隔带宽度≥7.0m时，应设置成港湾式停靠站。

③ 考虑到路段与交叉口通行能力的协调，对停靠站的类型选择提出参考，见表3-9。

表 3-9 停靠站类型选择

路段车道数	路口车道数	停靠站类型选择
1	—	人行道宽度足够时设港湾式停靠站
2	2	尽量创造条件设置港湾式停靠站
2	3,4	设港湾式停靠站
3	3,4	路段交通负荷较大时设港湾式停靠站,较小时可不设港湾式停靠站
3	5,6	设港湾式停靠站
4	—	不设港湾式停靠站

(3) 公共汽车专用道(路)设计

公共汽车专用道，是用交通标线或硬质分离的方法划出一条车道作为公共汽车专用通道，在特定的时段内，仅允许公共汽车行驶，如图 3-33 所示。

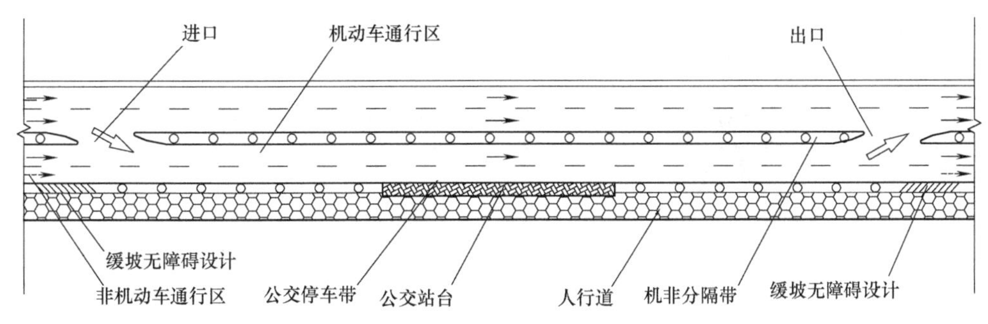

图 3-33 公共汽车专用道的设计

公共汽车专用道的设置条件如下：

① 道路单向至少有 2 条车道。

② 公共汽车流量大于 100 辆/h。

③ 设置公共汽车专用道后不会严重影响道路通行能力。

1) 公共汽车专用道的隔离

① 用交通标线分离。即采用“实线+虚线”的车道画线形式，表示仅允许公共汽车行驶，不允许其他社会车辆使用，但公共汽车随时驶离专用道。

② 硬质分离。使用侧石、道钉、栅栏的方法进行隔离；或者利用公交车底盘较高的特点，在公共汽车专用道进口处设置障碍。

2) 公共汽车专用道的视认性

在车辆进入公共汽车专用道之前，应设置交通标志牌和地面车道标线，提醒驾驶人注意。

① 在上游各进口道处设立提示标志牌。标志牌上应明确注明公共汽车专用道的起始位置、使用权、使用时间，并用图形方式把道路断面上车道功能的划分情况清晰表示出来。

② 在路口处，如果公共汽车专用道延伸到停车线处，应在停车线前标出“公交专用”字样；如果进行车道变位，应采用地面彩色标线对公交车的行车轨迹进行诱导。

8. 路段交通标线设计

(1) 车行道中心线

车行道中心线用来分隔对向行驶的交通流，一般设置在道路的中心，但不一定设置在道路的几何中心线上。

① 双黄实线，划于路段中时，用以分隔对向行驶的交通流。

② 黄色虚实线，划于路段中时，用以分隔对向行驶的交通流。黄色实线一侧禁止车辆超车、跨越或回转，黄色虚线一侧在保证安全的情况下准许车辆超车、跨越或回转。

③ 黄色实线，划于路段中时，用以分隔对向行驶的交通流；划于路侧或缘石上时，用以禁止车辆长时或临时在路边停放。

④ 白色实线，划于路段中时，用以分隔同向行驶的机动车和非机动车，或指示车行道的边缘；设于路口时，可用作导向车道线或停止线。

⑤ 白色虚线，划于路段中时，用以分隔同向行驶的交通流或作为行车安全距离识别线；划于路口时，用以引导车辆行进。

⑥ 黄色虚线，划于路段中时，用以分隔对向行驶的交通流。划于路侧或缘石上时，用以禁止车辆长时在路边停放。

相关设置条件与方法见表 3-10 和表 3-11。

表 3-10 机动车单向行驶且非机动车双向行驶的道路车道中心线设置

道路宽度	机动车道	非机动车道	备注
小于 8m			标线视情况而定
8~11m	3.0~3.5×1	2.5~4.0×2	同时设置逆向车道黄色机非分道线和普通白色机非分道线
大于 11m	3.0~3.5×n	2.5 以上×2	同时设置逆向车道黄色机非分道线和普通白色机非分道线

表 3-11 机动车与非机动车均为双向行驶的道路车道中心线设置

道路宽度	机动车道	非机动车道	中心线型	备注
小于 8m				不宜施划中心线与分道线
8~12m			黄色单虚线	同向机非混行
12m	3.25×2	2.75×2	黄色单虚线	另设置机非分道线
12~15m	3.0~3.5×2	2.5~4.5×2	黄色单虚线	另设置机非分道线
大于 15m	3.0~3.5×n+中心线 0.6	2.5~6×2	黄色虚实线或双实线	另设置机非分道线

（2）车行道宽度及分界线

① 一般道路机动车道宽度为 3.0~3.5m（含线宽），最低不得小于 3.0m（只适用于小车道）。

② 环岛内侧车行道宽度最低不得小于 4m；在弯道和环岛内，车道宽度应该根据转弯半径和设计车速适当加宽。

③ 主干道和快速路车道宽度一般为 3.2~3.75m，三幅面及以上道路主路有条件的路段应设置紧急停车带，宽度为 2.25~2.75m，一般宽为 2.5m。

④ 公交车道宽度一般为 3.5~3.75m（含线宽），最低不得小于 3.3m。

⑤ 非机动车道宽度根据流量一般设置为 2.5~6.0m，从安全考虑，最低不得小于 2.0m。

⑥ 车行道分界线为虚线；在道路车道数量发生变化的路段，车行道分界线应该灵活掌握，平滑连接，避免对交通流进行误导。

（3）车行道边缘线

车行道边缘线用来指示机动车道的边缘或作为机动车道和非机动车道的分界。当作为机动车道和非机动车道的分界时，也可称为机非分界线。

车行道边缘线应设置在公路两侧紧靠车行道的硬路肩或非机动车道内，并不得侵入车行道内。

双向四车道及以上公路除出入口、交叉路口及允许路边停车的特殊路段外，所有车行道边缘上均应设置车行道白色实线。在出入口、交叉路口及允许路边停车路段等允许机动车跨越边缘线的地方，可设置车行道边缘白色虚线。在必要的地点，如公交车站临近路段、允许路边停车路段等，可设置车行道边缘白色虚实线。虚线允许车辆越线行驶，实线不允许车辆越线行驶。

（4）接近障碍物标线

当公路中心或车行道中有上跨桥梁的桥墩、中央分隔带端头、标志杆柱及其他可能对行车安全构成威胁的障碍物时，应设置接近障碍物标线以指示路面有固定性障碍物，让车辆驾驶人谨慎行车，引导交通流顺畅驶离障碍物。

3.2 信号配时设计

信号配时设计主要包括分时段的交通控制信号周期、相位、相序、绿信比及相位衔接的设计。信号配时设计要点见表3-12，基本原则如下：

① 信号相位数应尽量少，以提高周期内的有效通行时间。

② 周期时长在满足最小周期（交通流安全通过交叉口的时间）的前提下，在非机动车高峰时段应尽可能采用小周期。

③ 信号配时设计应与空间设计相协调。

④ 信号相位应根据交通流实际流量及特征灵活组合。

⑤ 相序设计应遵循在保证交通安全的前提下，使损失时间最小的原则。

表3-12 配时设计要点

配时设计要点	设计说明
相位的确定	现状多采用对称的相位 相位的组合原则：以某一向为主流向，只要与之没有冲突的其他相位均可与之组合在一个相位内，相位数要尽可能少
相序的确定	现状的相序都比较随意地设置 相序的确定要考虑前后相位衔接时的平顺，间隔、损失时间应尽量小
最小绿灯时间	行人能够安全过街的最小时间 随相位、相序组合的不同而变化
信号灯的选取	根据相位组合的不同，选取最合适的信号灯装置

3.2.1 配时设计内容与程序

单个交叉口定时交通信号配时设计内容应包括，确定多段式信号配时时段划分、配时时段内的设计交通量、初始试算周期时长和交通信号相位方案、信号周期时长、各相位信号配时绿信比、估评服务水平及绘制信号配时图。

信号配时设计流程框图如图 3-34 所示。

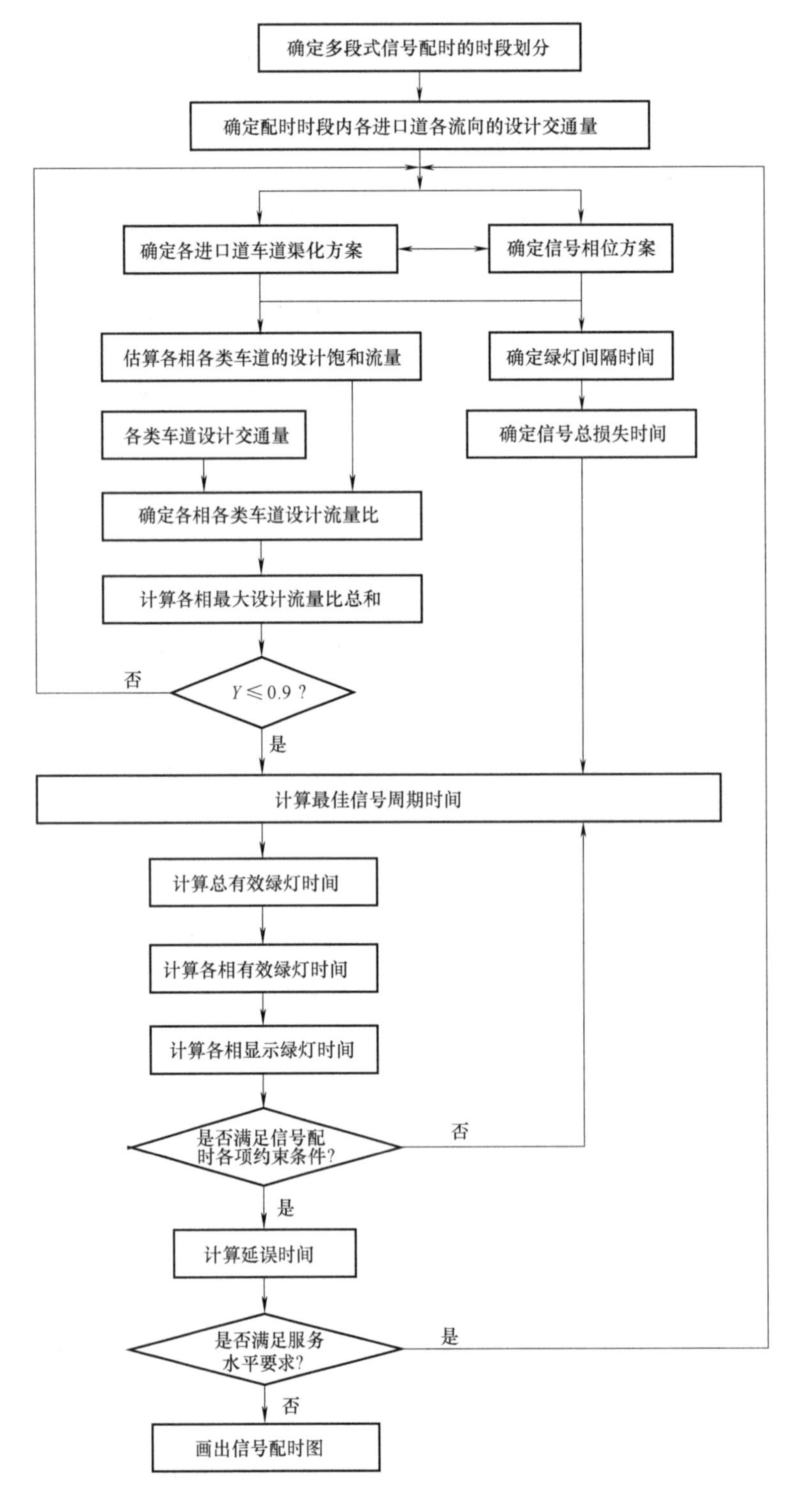

图 3-34　信号配时设计流程框图

信号配时设计的过程是不断论证完善的过程，需要通过性能指标计算和实地调研，对信号配时进行修改和完善，逐渐形成最优配时方案。

例如，当总的相位交通流量比 Y 大时，说明进口道车道数目太少，通行能力无法满足实际流量的需求，改善时需要考虑增加进口车道，并且重新对车道功能进行划分。实际上，设计流程框图中对 $Y \leqslant 0.9$ 的限制等效于对各向车流提出了饱和度 $x_i<0.9$ 的要求。

3.2.2 配时设计时段划分

大部分交叉路口的交通流量按时间段的不同呈现规律性变化，为提高交叉口的通行效率，需对信号配时方案分时段设计，根据不同时段的设计交通量优化各时段的信号配时方案。时段划分可视实际情况分为早高峰时段、午高峰时段、晚高峰时段、早低峰时段、午低峰时段、晚低峰时段等。

3.2.3 配时设计相位设定

信号相位是指一个交叉口或某个方向的交通流（或几个方向交通流的组合）同时得到的通行权或被分配得到这些通行权的时间带。确定信号相位方案，是对信号轮流给某个方向的车辆或行人分配通行权顺序的确定。相位方案，是在一个信号周期内安排若干种控制状态，并合理地安排了这些控制状态的显示次序。信号控制机按预定的相位方案，轮流开放不同的信号显示，轮流对各向车辆、行人给予通行权。确定信号相位时，应兼顾交通安全和交通效率。

交叉口信号相位方案，需要以交叉口特征及其交通流运行状况为基础，在综合考虑交通流运行效率、交叉口交通安全及交通参与者交通心理等因素后，进行设计。信号相位方案设计可以参照以下几条准则：

① 信号相位必须同进口道车道渠化（即车道功能划分）同时设计。例如，当进口道较宽、左转车辆较多、需设左转专用相位时，应当设置左转专用车道，当进口道较窄、无左转专用车道时，则不能设置左转专用相位。

② 有左转专用车道且平均每个信号周期内有 3 辆以上的左转车辆到达时，宜设置左转专用相位。

③ 在同一信号相位中，各相关进口道左转车每周期平均到达量相近时，宜采用双向左转专用相位（对向左转车流一起放行），否则宜采用单向左转专用相位（对向左转车流分别放行）。

④ 当信号相位中出现不均衡车流时，可以通过合理设置搭接车流（相当于设置交通信号的早断与滞后），最大限度地提高交叉口的运行效率。

对于新建交叉口，在缺乏交通量数据的情况下，对车道功能划分应先采用试用方案，然后根据通车后实际各流向的交通流量调整车道划分及信号相位方案。对于新建十字交叉口，建议先选取表 3-13 给出的试用方案。

表 3-13 新建十字交叉口建议试用车道划分方案

进口车道数	车道划分方案	信号相位方案	进口车道数	车道划分方案	信号相位方案
5	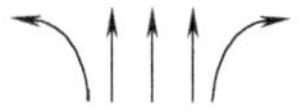	四相位	3	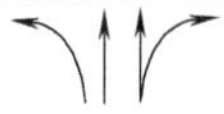	四相位
4	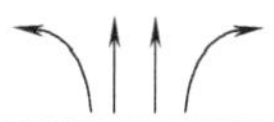	四相位	2	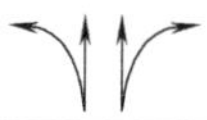	二相位

3.2.4 信号周期时长

(1) 最短信号周期时长

就满足交叉口通行能力要求而言，信号周期时长的选择有一个最起码的底线，即信号周期时长无论如何都不能低于这个限值，否则将不能满足通行能力的要求。上述最低限值，称为最短信号周期时长。在理想情况下，当交叉口的信号周期运行最短信号周期时长时，一个周期内到达交叉口的车辆将恰好在一个周期内被放行完，既无滞留车辆，也无富余绿灯时间。因此，最短信号周期 C_m 应当恰好等于一个周期内全部关键车流总的绿灯损失时间加上对应到达车辆以各自进口道饱和流量放行通过交叉口所需时间之和，即

$$C_m = L + \frac{q_1 C_m}{S_1} + \frac{q_2 C_m}{S_2} + \cdots + \frac{q_n C_m}{S_n}$$

上式经整理可得

$$C_m = \frac{L}{1 - \sum_{i=1}^{n} \frac{q_i}{S_i}} = \frac{L}{1 - \sum_{i=1}^{n} y_i} = \frac{L}{1 - Y}$$

式中 L——全部关键车流总的绿灯损失时间；

Y——全部关键车流总的交通流量比。

(2) 韦氏最佳信号周期时长

如果采用最短信号周期时长作为交叉口信号控制周期，交叉口的饱和度将保持为 1，随机平均延误时间将显著增加，控制效果很不理想；如果交叉口信号周期过长，均衡相位平均延误时间将会随之增长，控制效果也不尽人意。故要确定一个最佳信号周期时长，使得关键车流平均延误时间达到最小。韦伯斯特经过理论推导，得到了以交叉口关键车流平均延误时间最小为目标的最佳信号周期时长计算公式，因而将之命名为韦氏最佳信号周期时长。

显然，韦氏最佳信号周期时长对应于交叉口处于未饱和交通状态，故由稳态理论可知，交叉口关键车流平均延误时间 d 可用下式表示：

$$d = \frac{\sum_{i=1}^{n} (d_i q_i C)}{\sum_{i=1}^{n} (q_i C)} = \frac{\sum_{i=1}^{n} \left[\left(\frac{C(1 - \lambda_i)^2}{2(1 - y_i)} + \frac{x_i^2}{2q_i(1 - x_i)} \right) q_i \right]}{\sum_{i=1}^{n} q_i}$$

式中 d_i——第 i 股关键车流所对应的车辆平均延误时间；

q_i——第 i 股关键车流所对应的车辆到达率。

将交叉口关键车流平均延误时间 d 的计算公式对信号周期 C 求导，并令一阶导数 $\frac{\mathrm{d}d}{\mathrm{d}C} = 0$，便可得到韦氏最佳信号周期的理论计算公式。值得注意的是下式

$$\sum_{i=1}^{n} \lambda_i = \frac{C - L}{C}$$

这要求“关键车流平均延误时间最小”等价于要求“各关键车流的饱和度相等”，即

$$\frac{y_j}{\lambda_j} = x_j = x_k = \frac{y_k}{\lambda_k} \Leftrightarrow \frac{\lambda_j}{\lambda_k} = \frac{y_j}{y_k}$$

故

$$\lambda_j = \frac{y_j}{Y}\frac{C-L}{C}$$

可以看出

$$\frac{\mathrm{d}\lambda_j}{\mathrm{d}C} = \frac{y_j}{Y}\frac{L}{C^2}$$

那么，λ_j 与信号周期 C 也存在一定关系。

经过反复近似计算，得到韦氏最佳信号周期时长的简化公式为

$$C_0 = \frac{1.5L+5}{1-Y}$$

（3）阿氏最佳信号周期时长

阿氏最佳信号周期时长 C_0 是将关键车流平均停车次数和延误时间合在一起作为评定配时方案的综合指标，对应于综合指标最小的信号周期时长。综合指标 P 可表示为

$$P = d+Kh$$

式中　K——关键车流平均停车次数 h 的加权系数，又称之为停车补偿系数。经过研究发现，系数 K 的取值具有相当明确的实际意义。例如，要使燃油消耗量最少，K 的取值应为0.4；要使运营费用最少，K 的取值应为0.2；要使关键车流总延误时间最少，K 的取值应为0；要使关键车流总排队长度最小，K 的取值应为-0.3。

同理，将交叉口关键车流综合指标 P 的计算公式对信号周期 C 求导，并令一阶导数 $\frac{\mathrm{d}P}{\mathrm{d}C}=0$，便可得到阿氏最佳信号周期的理论计算公式。经过近似计算，得到阿氏最佳信号周期时长的简化公式为

$$C_0 = \frac{(1.4+K)L+6}{1-Y}$$

由式可以看出，K 值越大，信号周期越长，较长的信号周期有利于减少停车次数，减少燃油消耗量及尾气污染；K 值越小，信号周期越短，较短的信号周期有利于减少延误时间，减少车辆排队长度。然而，由于阿氏最佳信号周期时长 C_0 只对关键车流有利，因此采用比阿氏最佳信号周期稍短一点的时间作为实际信号周期，有利于减少非关键车流的延误时间和过街行人的受阻延误。

（4）实用信号周期时长

实用信号周期 C_p 是保证所有车道饱和度均低于其饱和度实用限值 x_p 的信号周期时长。可以推导出：

$$C_\mathrm{p} = \frac{L}{1-\sum_{i=1}^{n}\lambda_{0i}} = \frac{L}{1-U}$$

式中　λ_{0i}——为满足第 i 股关键车流饱和度低于其饱和度实用限值 $x_{\mathrm{p}i}$ 时，第 i 股关键车流所要求的最小绿信比；

U——为满足所有关键车流饱和度均低于其饱和度实用限值时，交叉口所要求的总的最小绿信比。

由式可知，只要 $\sum_{i=1}^{n}\lambda_{0i}<1$，则总存在信号周期 C（$C\geqslant C_p$）和一组 λ_i，使得 $\lambda_i\geqslant\lambda_{0i}$，$x_i\leqslant x_{pi}$；倘若 $\sum_{i=1}^{n}\lambda_{0i}\geqslant 1$，则无论信号周期取何值都无法使得所有车道饱和度均低于其饱和度实用限值 x_p。此外，不难理解，最短信号周期 C_m 其实就是，$x_p=1$ 时实用信号周期 C_p 的一个特例而已。

从上述介绍的几种信号周期计算公式可知，在实际配时设计中，设计者需要根据所采用的控制对策和预期达到的控制目标确定相应的信号周期时长计算方法。然而，一种更普遍的做法是在阿氏最佳信号周期（相对较大）与实用信号周期（相对较小）之间，选择一个合适的中间值作为信号周期时长。

1）损失时间

损失时间是指由于交通安全及车流运行特性等原因，在整个相位时间段内没有交通流运行或未被充分利用的时间，用 l 表示。损失时间等于绿灯显示时间与绿灯间隔时间之和减去有效绿灯时间，等于绿灯间隔时间与后补偿时间之差加上前损失时间，也等于部分损失时间与全红时间之和。

$$l=t_G+I-t_{EG}=I-t_{BC}+t_{FL}=t_G+I-(t_G+t_Y-t_L)=t_L+t_R$$

式中　t_R——全红时间。

对于一个信号周期而言，总的损失时间是指所有关键车流在其信号相位中的损失时间之和，用 L 表示。而关键车流是指那些能够对整个交叉口的通行能力和信号配时设计起决定作用的车流，即在一个信号相位中交通需求最大的那股车流。交叉口总的绿信比是指所有关键车流的绿信比之和，即所有关键车流的有效绿灯时间总和与信号周期之比值，可以用下式表示：

$$\sum_{k=1}^{n}\lambda_k=\frac{C-L}{C}$$

2）绿灯间隔时间

绿灯间隔时间是指一个相位绿灯结束到下一相位绿灯开始的这中间一段时间间隔，用 I 表示。设置绿灯间隔时间主要是为了确保已通过停车线驶入路口的车辆，均能在下一相位的首车到达冲突点之前安全通过冲突点，驶出交叉口。绿灯间隔时间，即相位过渡时间，通常表现为黄灯时间或黄灯时间加上全红时间。全红是指路口所有方向均显示红色信号灯，全红时间是为了保证相位切换时不同方向行驶车辆不发生冲突、清除交叉口内剩余车辆所用时间。

为了避免前一相位最后驶入路口的车辆与后一相位最先驶入路口的车辆在路口发生冲突，要求它们驶入路口的时刻之间必须存在一个末首车辆实际时间间隔。这个时间间隔由基本间隔时间和附加路口腾空时间两部分构成。其中，基本间隔时间是由车辆的差异性和运动特性决定的时间量，其大小一般取值为 2～3s；附加路口腾空时间则是由路口特性决定的时间量，其大小大体上可以根据两股冲突车流分别从各自停车线到达同一冲突点所需行驶时间差来确定。在定时控制中，绿灯间隔时间可取为末首车辆实际时间间隔。而在感应控制中，如果在停车线前埋设了检测线圈，则该线圈可以测量到前一相位最后车辆离开停车线与前一相位绿灯结束之间的时间差，从而可以得到绿灯间隔的可压缩时间。因此，此时的绿灯间隔时间可取为末首车辆实际时间间隔与绿灯间隔可压缩时间之差，从而提高路口的通行能力。按下式计算：

$$I=\frac{z}{u_a}+t_s$$

式中　z——停车线到冲突点距离（m）；

u_a——车辆在进口道上的行驶车速（m/s）；

t_s——车辆制动时间（s）。

当计算绿灯间隔时间 $I<4$s 时，配以黄灯时间 4s；当 $I>4$s 时，其中 4s 配以黄灯，其余时间配以红灯。

3）流量比总和

按下式计算：

$$Y=\sum_{j=1}^{j}\max[y_j,y_j,\cdots]=\sum_{j=1}^{j}\max\left[\left(\frac{q_b}{s_d}\right)_j,\left(\frac{q_b}{s_d}\right)_j,\cdots\right]$$

式中　Y——组成周期的全部信号相位的各个最大流量比 y 值之和；

j——一个周期内的相位数；

y_j——第 j 相位的流量比；

q_b——设计交通量（辆/h）；

s_d——设计饱和流量（辆/h）；

计算 $Y>0.9$ 时，须改进进口道设计或信号相位方案，重新设计。

3.2.5　信号配时及绿信比

（1）总有效绿灯时间

每周期的有效绿灯时间按下式计算：

$$G_e=C_0-L$$

（2）各相位有效绿灯时间

各相位的有效绿灯时间按下式计算：

$$g_{ej}=G_e\frac{\max[y_j,y_j',\cdots]}{Y}$$

（3）各相位的绿信比

各相位的绿信比按下式计算：

$$\lambda_j=\frac{g_{ej}}{C_0}$$

（4）各相位显示绿灯时间

相位绿灯时间的分配通常是以平均车辆阻滞延误最小为原则，按照这一原则，要求各股关键车流的饱和度应大致相等，相位绿信比与相位交通流量比应大致成正比，即

$$\frac{\lambda_j}{y_j}=\frac{\lambda_k}{y_k}$$

由上式进一步推导得

$$t_{EGj}=\sum_{i=1}^{n}t_{EGi}\frac{y_j}{\sum_{i=1}^{n}y_i}=(C-L)\frac{y_j}{\sum_{i=1}^{n}y_i}$$

相位绿灯时间的分配也可以参照饱和度实用限值进行，此时相位绿信比将与满足该相位通行能力要求所必要的绿信比成比例，即

$$\frac{\lambda_j}{\lambda_{0j}}=\frac{\lambda_k}{\lambda_{0k}}$$

式中　$\lambda_{0j}=\frac{y_j}{x_{pj}}$，$\lambda_{0k}=\frac{y_k}{x_{pk}}$。由上式进一步推导得

$$t_{EGj}=\sum_{i=1}^{n}t_{EGi}\frac{\lambda_{0j}}{\sum_{i=1}^{n}\lambda_{0i}}=(C-L)\frac{\frac{y_j}{x_{pj}}}{\sum_{i=1}^{n}\frac{y_i}{x_{pi}}}$$

第 i 个相位的绿灯显示时间 t_{Gi} 为

$$t_{Gi}=t_{EGi}-t_{Yi}+t_{Li}$$

3.2.6　最短绿灯时间

最短绿灯显示时间是指对各信号相位规定的最低绿灯时间限值，用 G_m 表示。规定最短绿灯显示时间主要是为了保证车辆行车安全。如果绿灯信号持续时间过短，停车线后面已经起动并正在加速的车辆会来不及制动或使得驾驶人不得不紧急制动，容易造成交通事故。

在定时信号控制交叉口，需要根据历史交通量数据确定一个周期内可能到达的排队车辆数，从而决定最短绿灯显示时间的长短；在感应式信号控制交叉口，则需要根据停车线与车辆检测器之间可以容纳的车辆数确定最短绿灯显示时间的长短。

最短绿灯时间按下式计算：

$$g_{min}=7+\frac{L_p}{v_p}-I$$

式中　L_p——行人过街道长度（m）；

v_p——行人过街步速（m/s），取 1.2m/s；

I——绿灯间隔时间（s）。

计算的显示绿灯时间小于相应的最短绿灯时间时，应延长计算周期时长（以满足最短绿灯时间为度），重新计算。

3.3　智能化设备的设计

3.3.1　交通违法监测设备

1. 设置要求

交通违法监测设备设置地点应有醒目、清晰的交通标志、标线或交通信号。

超速违法监测设备应当设在限速标志之后；在普通道路设置超速违法设备的，应当在测速地点上游 200~300m 设置测速提示标志。在高速公路设置超速违法设备的，应当在测速地点上游 300~500m 设置测速提示标志。

在单/禁行线违法监测设备的监测图像范围内，应设立单行线或禁止通行标志。

在应急车道违法监测设备的监测图像范围内，应含应急车道标线，并设置“应急车道”标志。

在公交车道违法监测设备的监测图像范围内，应保证公交专用车道线清晰，并有“公交专用”“BRT 专用”字样，按时间限行的公交车道，在记录图像所对应的路面应含有公交车专用时间。在非机动车道违法监测设备的监测图像范围内，应保证非机动车道线清晰，并有非机动车标记图案。

2. 设备功能

（1）闯红灯检测功能

机动车在其对应的绿灯或黄灯相位时越过停车线，闯红灯自动记录系统不应记录。应记录机动车闯红灯过程中两至三个位置以反映机动车闯红灯违法过程，自动记录系统中目测可以清晰辨别红灯信号、停车线、违法时间、违法地点、违法类型、红灯时间、车辆类型、车牌号码、车牌颜色等内容。

在标注的适用条件下，闯红灯捕获率应不小于 95%，闯红灯记录有效率应不小于 95%。（符合 GA/T 496—2014《闯红灯自动记录系统通用技术条件》）

监测设备帧率应与路口信号灯频率相适应，避免出现所拍摄的图片中无信号灯灯色的情况。

（2）其他交通违法记录功能

每条违法记录（包括记录编号、设备编号、事件开始时间、事件结束时间、事件类型、检测地点、检测方向）实时上传中心相应中心应用服务器。检测的违法行为应包括：

① 机动车在非机动车道内行驶。

② 机动车不按规定（左、直、右渠化）车道行驶。

③ 机动车逆向行驶。

④ 机动车压线。

⑤ 车辆在非停车地点（行车道内）停车。

（3）通过车辆号牌自动识别和捕获功能

车牌识别技术要求能够将运动中的汽车牌照从复杂背景中提取并识别出来，通过车牌提取、图像预处理、特征提取、车牌字符识别等技术，识别车辆牌号、颜色等信息。图片应具有防篡改功能，每张图片应包含时间信息，至少应精确到 0.1s。

（4）交通流数据统计功能

采用嵌入式技术，自动采集车辆信息并完成车辆测速、车牌号码自动识别、车流量统计等功能，并进行归类存档。

（5）数据本地存储功能

能够自动地在抓拍时同步进行车辆号牌识别并上传到控制中心数据库；自动将前端抓拍的图像存储在前端大容量硬盘中。当通信出现故障时，设备前端应具备存储 10 万条以上违法数据的能力。

本地存储的车牌识别检测数据包括记录编号、设备编号、检测时间（年月日时分秒）、车牌号码、车牌颜色、检测地点、检测车道信息、检测方向、车牌图片信息。

(6) 视频采集功能要求

具有对存储视频进行灵活设置的能力。

设备前端应实时存储高清视频，综合监测设备拍摄的高清视频须清晰反映三条车道内行驶机动车的车牌号码，大货车设备拍摄的高清视频须清晰反映1条车道内行驶机动车的车牌号码。视频以每2min为时间段，每2min视频大小不应超过20MB，进行实时滚动存储，每路视频应至少本地存储30天。

上端中心可对前端存储的视频进行调用，具备查询指定日期和时间段视频的功能。

存储的视频可以使用视频播放软件进行播放。

(7) 设备运行信息报送要求

设备应能自动记录运行、故障日志，也能将监测器的工作状态、数据传输过程以及故障信息记录下来，并能传输到指定的数据中心。

3.3.2 交通流检测设备

1. 设置要求

安装交通流检测设备时，应确保被检测区无遮挡。

2. 设备功能

① 统计交通流参数检测，数据内容有流量、车速、占有率、车型分类、单车速度等。应具备根据具体的交通管理需求，对数据进行预处理的能力。

② 设备具备存储功能，设备具备来电后自动恢复功能，存储的交通数据可导出。

③ 设备具备数据传输功能。

3.3.3 视频监控设备

1. 设置要求

视频监控设备设置要求应符合DB11/T 384.10—2018《图像信息管理系统技术规范　第10部分：图像采集点设置要求》的要求：无特殊条件时，安装位置宜在距观测面3.5~10m的高度。

2. 设备功能

视频监控设备通过专用网络连接，在交管指挥中心遥控设备，按需要监控实时视频，对各种交通事件及违法行为录像存储。道路监控设备安装在高空监控杆具上（不低于9m），采用高清枪机配合云台的方式实现大范围监看。摄像机至少具备200万像素、25帧的图像质量，并利用其预置位功能，由事件检测器完成对交通事故自动检测并具备录像功能，至少能满足视频流30天连续存储需要。前端视频存储设备需支持中心录像的调用。支持交通事故、交通拥堵、遗洒、逆行等道路事件检测功能。

3.3.4 交通流量调查设备

1. 设置要求

当设备传感器的安装方式为路侧安装时，设备法向（相对于设备传感器安装点的公路

车行道中心线而言，下同）最小检测距离不应大于 5m，法向最大检测距离不应小于 40m。

2. 设备功能

（1）采集数据内容

① 跟车百分比，在逐一采集机动车车头时距数据的基础上，计算一条车道内车头时距小于指定时间的车辆占该车道全部车辆的百分比。

② 平均车头间距，在逐一采集机动车车头间距数据的基础上，计算一条车道机动车车头间距的算术平均值，以 m 为单位。

③ 时间占有率，在指定的交通数据处理周期内，一条车道的机动车通过调查断面所用时间之和与该交通数据处理周期时间长度的比值。

④ 单车道机动车单型交通量，在指定的交通数据处理周期内，一条车道上某一车型机动车数量。车型分类至少包括小型客车、大型客车、小型货车、中型货车、大型货车、特大型货车、铰接及拖挂车、拖拉机、摩托车 9 类。

⑤ 单车道机动车单型地点车速，在指定的交通数据处理周期内，一条车道的某一车型机动车地点车速的算数平均值。

（2）数据精度要求

① 采集机动车分型数据时，单型识别相对误差应在±10%以内。

② 分型流量误差±10%，总流量数据采集的相对误差应在±5%以内。

③ 设备地点车速数据采集的相对误差应在±10%以内。

④ 设备车头时距数据采集的相对误差应在±10%以内。

⑤ 设备时间占有率数据采集的相对误差应在±10%以内。

第4章

智能停车系统规划设计

4.1 停车规划意义与内容

随着社会经济的快速发展，城市人口也在快速增长，这必将导致交通量的爆炸性增长。与此同时，由于现代生活节奏加快，经济活动频繁，机动车使用频率也急剧上升，给中心城市的交通带来了沉重的负担。停车位的缺乏日益严重，“停车困难”已成为大中城市经济发展的制约因素。同时，传统的停车场无法解决机动车爆炸性增长引起的停车需求问题，给人们的生活带来极大的不便。特别是随着智能建筑的不断发展，出现了与之相关的智能停车管理方法。

与某些国家智能停车系统的普遍应用情况相比，我国智能停车场的使用，特别是基于先进无线传感器网络技术的智能停车系统的使用，仍处于起步阶段。基于物联网的智能停车系统可以利用传感器节点的感知能力对每个停车位进行监控和管理，提供专项的引导服务，实现车位管理和发布等功能，彻底改变智能停车领域的发展方向，立体停车场等新型停车技术的应用也可以大大缓解城市“停车难”的问题，这也是停车技术发展的主要方向。

4.2 停车需求分析

停车场主要分为封闭式停车场和开放式停车场两大类：封闭式停车场指有明确出入口的停车区域，如建筑物的地下停车场或室外封闭停车场；开放式停车场没有明确出入口，多为道路两侧停车位。

封闭式停车场方便管理，但由于信息管理、发布不到位等，导致使用程度并不理想。由于缺少准确的道路信息指引和空余车位信息，驾驶人往往很难找到停车场入口，很难掌握停车场内是否还有空余车位，从而造成车位资源浪费的现象。

开放式停车场不需要大规模工程建设，且充分利用了道路的剩余空间，故建造成本较低；但路侧停车位多采用人工管理模式，由于管理人员素质差异，容易发生票款丢失现象。据有关部门保守统计，开放式停车场的票款损失率为20%~40%，给国家和单位造成了巨大损失。

因此，充分利用封闭式停车场和开放式停车场是现今解决“停车难”的主要方向。先进的停车管理系统提供实时停车位状态信息和道路停车位使用信息，引导驾驶人快速找到所需的停车位，不仅可以缓解城市交通拥堵，减少道路占用，减少车辆尾气排放和噪声；同时，智能停车管理系统的使用还可以有效地改变停车费管理的混乱局面。

4.3 停车场/位的规划设计

4.3.1 停车控制区域划分原则

停车设施规划设计的原则：结合土地利用形态和功能，制定有针对性的停车发展目标和原则，以实现停车规划的战略目标。在停车规划中，根据土地利用性质，将规划对象区域划分为商业区、居住区、枢纽区、大型公共设施区等几类区域；之后，根据各类区域的发展目标和原则、停车需求预测结果及绿色规划指标要求，确立停车设施供应规划目标。

4.3.2 路边停车位设计

路边停车是将车辆就近停放于路边可供车辆行驶的道路面积内，通常占用一部分非机动车道或人行道。其优点在于停车方便、周转快、利用率较高；其缺点在于道路容量变小而导致交通拥堵通行缓慢。由于目前停车设施严重短缺，可在不严重影响交通通行的前提下，设置路边停车位；同时配以限时或收费等管理措施，规范路边停车行为。

(1) 位置选择

路边停车设计应依据道路网布局和交通组织要求设计，并考虑交通流量、车道宽度、路口特性等因素，在不影响交通安全和畅通的地点可以设置路边停车。某地点能否允许路边停车，取决于该处的道路条件及行车与停车需求的相对重要性，具体来说有如下几点原则：

① 在交通性干道、交通流量极大的道路上，应禁止路边停车。

② 在住宅区、商业办公区等停车需求极大的地区，在不影响交通安全和畅通的位置，尽可能提供路边停车空间。

③ 在市中心区，通行需求与停车需求都很强烈的地区，是停车问题最为严重的地区。路边规划停车位也难以满足停车的需求，除尽可能在路边划出允许停车的地点外，还必须在停车时间上严格限制，以提高停车地点的停车周转率。

④ 当两交叉口距离较近情况下，设置路边停车车位不能影响交叉口排队。如图 4-1 所示。

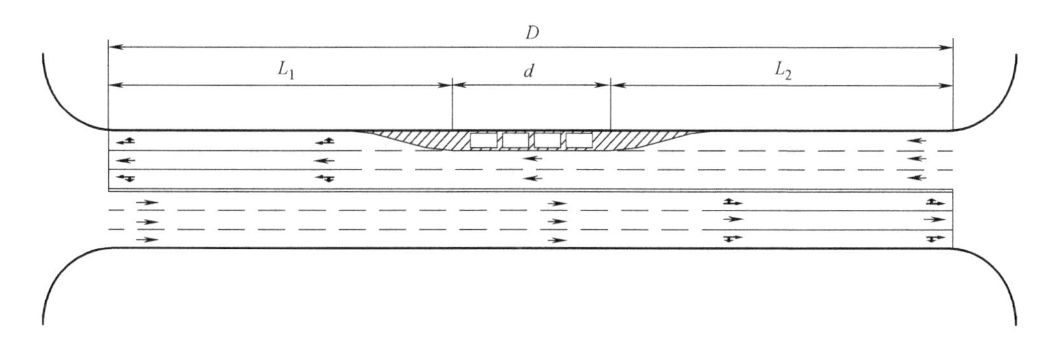

图 4-1 近交叉口间路边停车设置示例

显然有

$$d = D - L_1 - L_2$$

式中 D——交叉口间距离；

L_1——前方交叉口进口道最大排队长度加 15～20m；

L_2——上游交叉口对向进口道最大排队长度加 15～20m；

d——允许设置路边停车区段长度。

一般，如果 $d<20$m，则不宜设置路边停车车位。

⑤ 确定允许停车地点，一般可采取“排除法”，即首先把那些禁止停车的地点划出来，其余就划为允许停车的地点。在此基础上，遵循设置停车点后路段通行能力与路口通行能力相匹配的原则，进一步筛选停车设置地点。

（2）车位排列设计

路边停车车位应用标线划定，其排列方式有平行式、斜角式、垂直式三种。图 4-2 给出了三种基本的路边停车车位排列及其车位数计算方法。

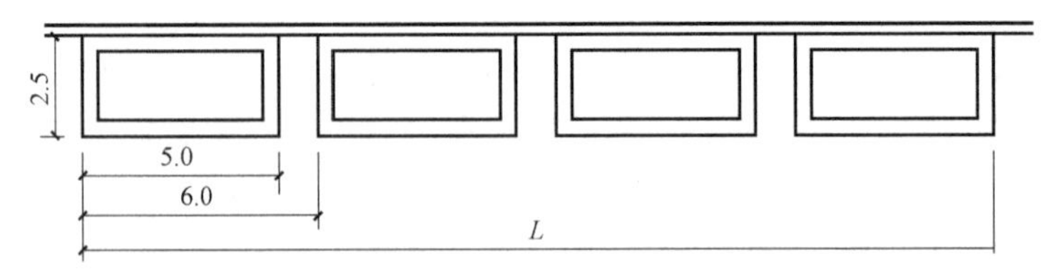

a) 平行式停车 $N=L/6.0$

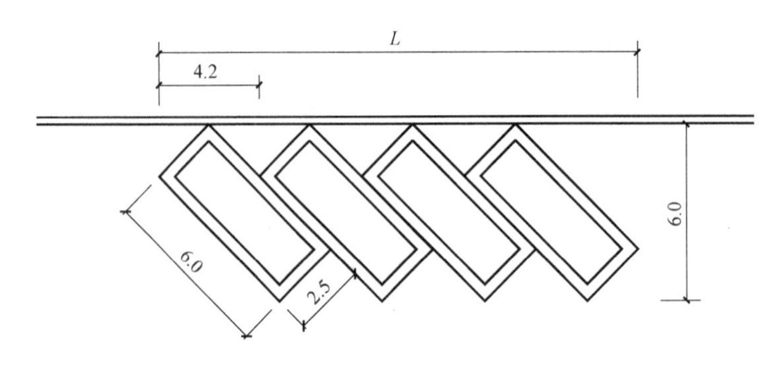

b) 45°斜角式停车 $N=(L-1.8)/4.2$

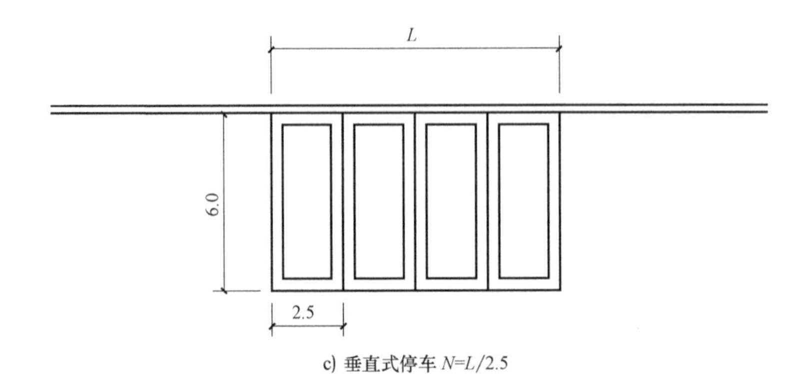

c) 垂直式停车 $N=L/2.5$

图 4-2　路边停车基本车位排列及其车位数计算方法

关于几种停车位排列形式的选择，可参考以下几点原则：

① 对行车比停车更为重要的路段，应优先考虑平行式。

② 斜角停车进出车位时盲区较大，较平行停车更具危险性。

③ 从车辆驶入、驶出车位所需时间看，斜角停车的少于平行停车的，且车辆驶入斜角停车位更为方便。

(3) 路边停车位收费管理

① 泊位实时检测。利用视频信息采集系统，通过视频识别技术，实时获取停车车辆的详细信息（含车牌号码、车身颜色、车型和停放位置、停放时间）。

② 线上泊位查询。驾驶人可以通过信息发布终端查目的地停车场信息（含停车场位置、空位信息及收费标准）。

③ 全自动停车计时。基于视频识别技术，可准确获取车辆信息，并将车辆信息及拍摄图片上传至系统数据库。当识别到车辆进入泊位后，自动开始计时，当识别到车辆驶出泊位后停止计时，将停车缴费信息上传至系统且发送至缴费终端。

④ 全自动收费。可将停车收费信息发送至手机用户端，通过手机支付或终端缴费，可精确到每个停车位。并对停车未缴费的用户由停车管理部门进行催缴，记录个人信用档案，使路内停车收费管理更加有序。

⑤ 泊位引导。以视频检测视频为基础的智能停车管理系统，通过网络传输，将视频前端采集系统检测车位使用情况通过诱导屏或手机客户端发布的车位诱导信息，帮助驾驶人迅速找到目的地车位，系统也可及时统计不同时期的车流量，帮助管理者优化泊位资源配置，提高停车场的智能化管理水平。

4.3.3　停车场设计

停车场规划需要结合具体交通现状、停车需求、公共利益、资源和环境承载力等因素考虑，制定停车总量控制和区域差别化的供给，统筹配置停车资源；充分利用地上、地下土地资源进行停车供给挖潜；在考虑未来停车需求的情况下，对规划配建的停车设施进行合理的设计。从规划、建设、管理等多方面入手，以节约利用土地的原则，高标准地建设停车场，并建立智能化、信息化、市场化的停车系统。

传统停车场为单层平面停放，占地面积大，停车数量有限；满足不了大中型城市亟待解决的“停车难”问题。为解决传统停车场的不足，一种空间利用率高、占地面积小但存车多的新型立体停车场进入人们的视野。

立体停车场又称机械式停车场，利用机械技术、数控技术等应用，摒弃土地利用低效的单层停放，向空间发展，是城市空间的“节能者”。

立体停车场占地面积小，容量大。传统停车场停 50 辆小型车需要 1650m^2，而立体停车场只需 50m^2。也就是说，立体停车场每 1m^2 就可以停放一辆小型车。

从工程造价方面来比较，立体停车场更为经济。同样以 50 个车位计算，传统建设需约 750 万元，立体停车建设造价仅 400 万元。

立体停车场同传统停车场相比更为环保。车辆进入车库就熄火，由机械设备自动存放，减少了车辆在车库内的迂行和尾气排放，十分环保节能。而且，立体停车库除工作人员外其他人无须进入停车场，大大减少了通风和照明所需用电量，节约了资源。

立体停车场（见图 4-3）使用简便，安全可靠。停车场自动进行机械控制和车位选择，全自动停取，无须驾驶人进入停车场，减少了停车场发生的碰撞事故。

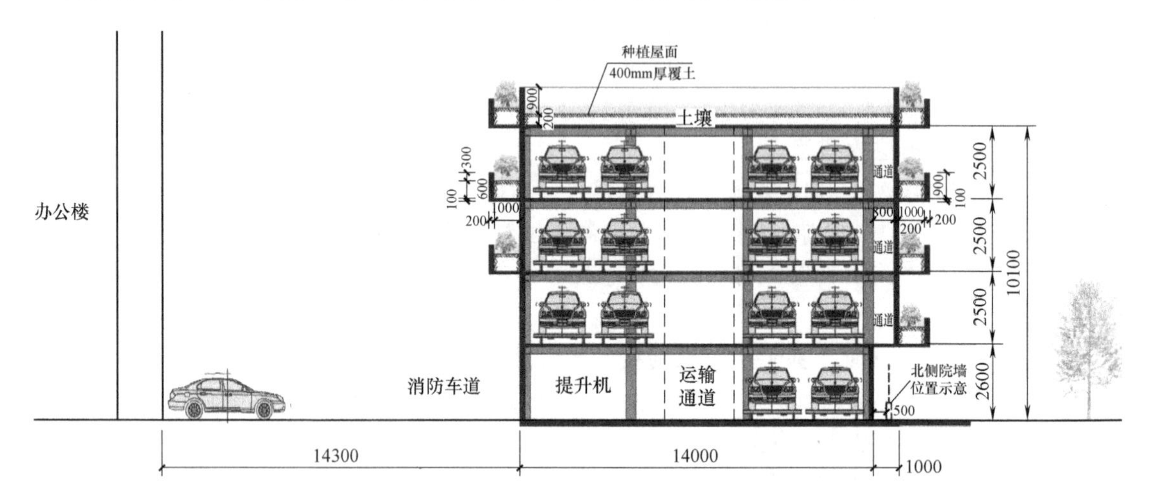

图 4-3　立体停车场示意图

4.4　智能停车管理系统

智能停车管理系统（Intelligent Parking Management System，IPMS）基于实时车位检测，通过多级信息发布屏幕，向驾驶人提供停车场位置信息、空余车位的位置等信息。同时，通过对停车数据的总结分析，为管理者提供可靠的决策依据。

通过收集停车场和路面临时停车位的车位信息，实时更新；将数据发送到信息处理中心进行处理、统计、分析等，并在智能停车管理系统中引入 GIS 技术，通过电子地图实现地图、街道、停车场等信息查询，实现图形化的数据分层管理。

4.4.1　系统架构

系统由前端检测子系统、中间传输子系统、控制子系统、信息发布子系统和管理子系统构成。

在每个车位上安装由电池供电的车位检测器，通过无线方式进行数据传输。当车辆在车位停放后，车位检测器将车位占用信息给路由节点/中继节点，路由节点/中继节点将车位占用信息发送到网关节点，并通过电子诱导牌显示车位实时空余信息，同时上传至管理平台，为管理平台进行车位安排管理及引导提醒提供依据。

该系统结构示意如图 4-4 所示。

4.4.2　系统功能

（1）入口管理

车辆行驶至入口处，触发感应线圈自动对车辆进行抓拍，车辆识别系统自动对车辆类别和车牌进行识别，同时记录车辆进场时间，抬杆放行，车位显示屏刷新车位。

（2）出口管理

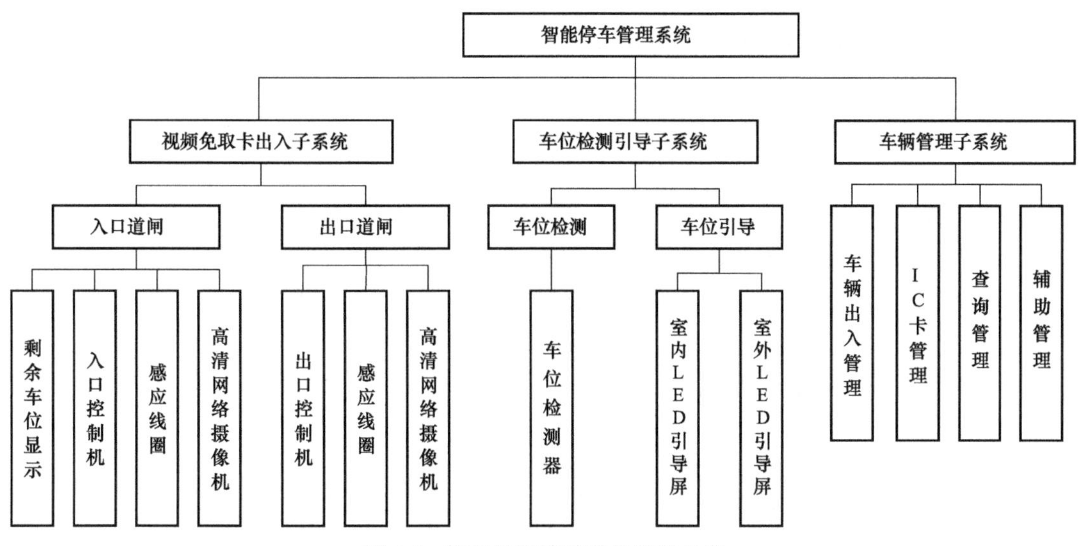

图 4-4 智能停车管理系统结构示意

车辆行驶至出口处，触发感应线圈自动对车辆进行抓拍，车辆识别系统自动对车辆类别和车牌进行识别，同时记录车辆出场时间，显示车辆收费金额，待缴费之后抬杆放行，车位显示屏刷新车位。

(3) 图像识别

① 车辆检测，通过实时视频流检测并识别。

② 号牌识别，识别符合标准 GA 36—2018 中民用车号牌、“2012 式” 军车号牌、标准 GA/T 497—2016 中武警车号牌、新能源车号牌的汉字、字母、数字、颜色等信息。

③ 车牌颜色，黑、白、蓝、黄、白绿渐变车牌颜色识别。

④ 一键调试，使用电动聚焦镜头，一键自动调节焦距。

⑤ 图像输出，提供高清 H. 264 视频流实时输出。

⑥ 字符叠加，在 H. 264 视频流和结果大图中叠加时间、自定义字符等字符。

⑦ 多路访问，支持多个不同 IP 地址的设备同时连接/访问。

⑧ 数据传输，支持识别结果、H. 264 视频图像打包发送至后台服务器。

⑨ 功能参数，车辆入场捕获率≥97%、车辆出场捕获率≥97%、全天候车牌识别率≥97%。

⑩ 输出信息，2 张全景图（2 张近端或 2 张远端）、1 张车牌彩色小图、附加信息文本、车牌结果文本等。

(4) 车位引导

① 车位检测，车辆检测器安装在每个车位上方进行单点数据采集，通过车辆检测器实时检测停车场内的车位信息，并结合指示灯实现精确采集的同时降低施工成本，经济高效。

② 车位查询，可查询当前停车场内的车位状态，获取空车位数量信息。

③ 以视频检测视频为基础的智能停车管理系统，通过网络传输，将视频前端采集系统检测车位使用情况通过诱导屏或手机客户端发布的车位诱导信息，帮助驾驶人迅速找到目的地车位，系统也可及时统计不同时期的车流量，帮助管理者优化泊位资源配置，提高停车场

的智能化管理水平。

④ 车位资源管理，对停车场利用情况进行统计，合理分配资源，增加停车场经营效益。

（5）反向寻车

系统可记录停车泊位的具体地址信息及泊位编号，并告知车主，帮助车主快速寻找所停车辆。

（6）系统管理

系统管理软件由车牌识别系统和收费管理系统两部分组成：

① 车牌识别系统。车牌识别系统可根据车辆全景图片及特征图片，结合触发机制，提供车辆经过时间、地点、车辆类型、车牌号码等基本信息。

② 收费管理系统，收费操作界面统一（见图 4-5），实现车牌自动识别、实时监控、车辆管理完善、自由组合权限控制。

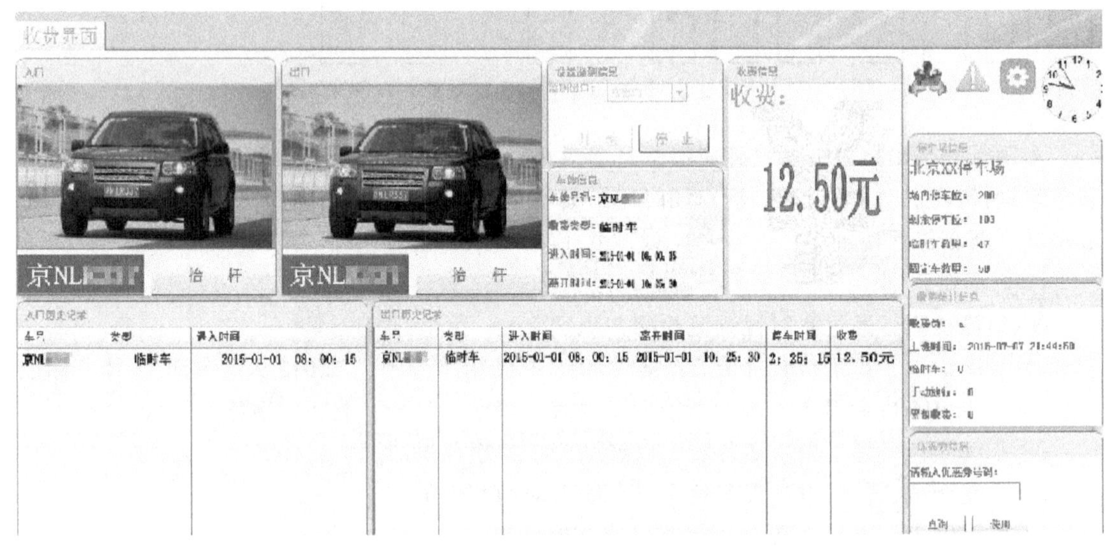

图 4-5 收费管理系统收费操作界面

4.5 城市停车诱导系统

4.5.1 城市停车诱导系统概述

停车诱导系统通过城市的停车诱导屏发布各个停车场的车位信息（见图 4-6），引导驾驶人查找停车场、规划行车路线，并对停车场内部车位信息进行监控、统计，使停车场车位管理更加规范、有序，大大提高了车位利用率和城市交通效率。

停车诱导系统包括数据采集系统、网络传输系统、中心管理系统和信息发布系统。

1）数据采集系统

数据采集系统是通过停车场安装的信息采集终端，对停车场的车位、价格等信息实时采集，并通过网络传输系统上传至中心管理系统。

2）网络传输系统

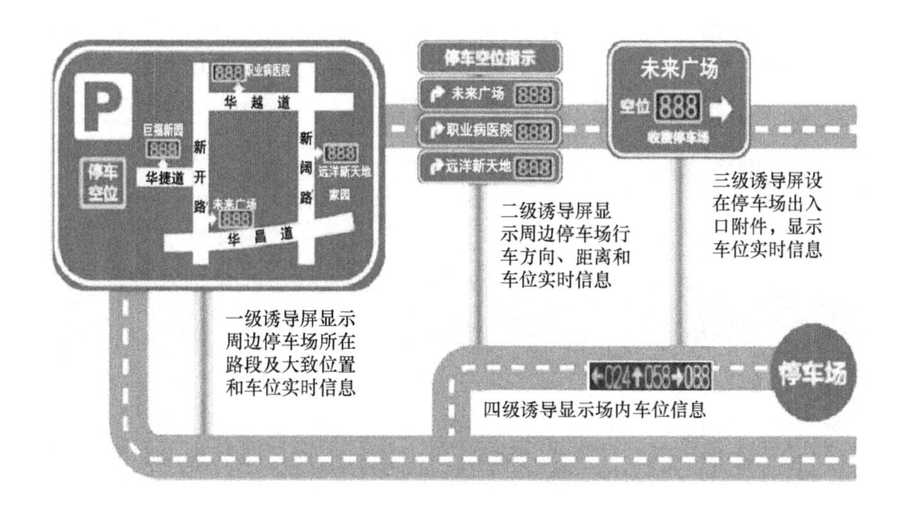

图 4-6　停车诱导示意图

用于连接前段数据采集子系统的数据传输，由于智慧停车诱导系统比较分散，所以主要以无线通信为主，有线通信为辅。

3）中心管理系统

中心管理系统负责接收、处理、存储各个停车场上传的实时信息，并与信息发布系统等电子平台建立数据通道，进行实时信息数据的发布。

4）信息发布系统

信息发布系统接收中心管理系统的数据传输，将各个停车场的实时信息在可变信息板上以视觉的方式向驾驶人提供上。

4.5.2　停车诱导屏

停车诱导屏符合标准 DB11/T 667—2009《停车诱导系统技术要求》中有关“中型停车诱导标识外观要求”及灯杆、灯具的行业标准。

如图 4-7 所示，一级诱导屏设置在市区进入某个区域的主要交通干线上，发布此区域内

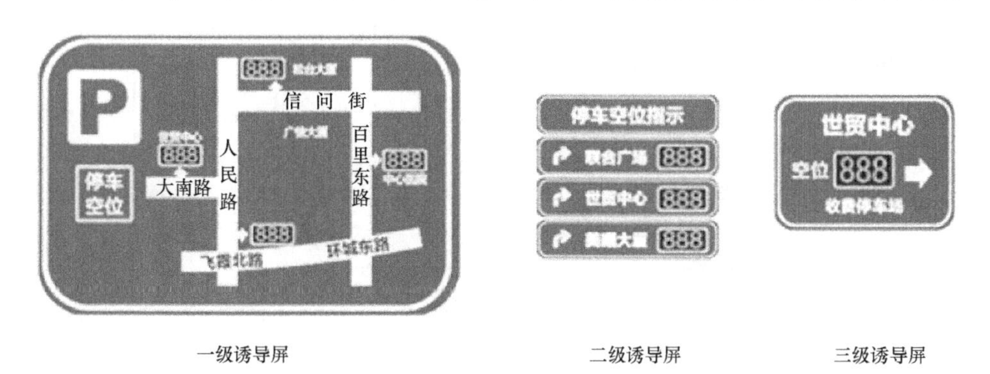

图 4-7　三级停车诱导屏

多个停车场的名称、位置、实际车位状态信息；二级诱导屏一般设置在停车场周边区域的街道两旁，指示停车场的名称、行驶路线、实际车位状态信息；三级诱导屏一般设置在停车场入口附近，发布单个停车场的名称、实时车位状态信息。

4.5.3 泊位信息发布系统

泊位信息发布子系统，由多级可变停车诱导屏、停车入位引导屏、触摸式查询终端和公共发布网站组成，实现区域内车位状态信息的实时更新发布、车位预定查询及反向寻车等功能，为用户停车提供便利。

4.5.4 泊位引导系统

系统由五级设备体系构成：前端检测子系统、中间传输子系统、控制子系统、信息发布子系统、管理子系统。

系统应用为在每个车位上安装车位检测器，车位检测器是由电池供电的，不需要任何连线，通过无线方式进行数据传输。当车辆在某个车位上停放 3s 以上时，车位检测器发送车位占用信息给路由节点/中继节点，路由节点/中继节点将车位占用信息发送到网关节点，可以实时通过 LED 显示车位空余信息，同时向管理平台提供数据，供管理平台进行车位安排管理及引导提醒。

泊位引导系统示意如图 4-8 所示。

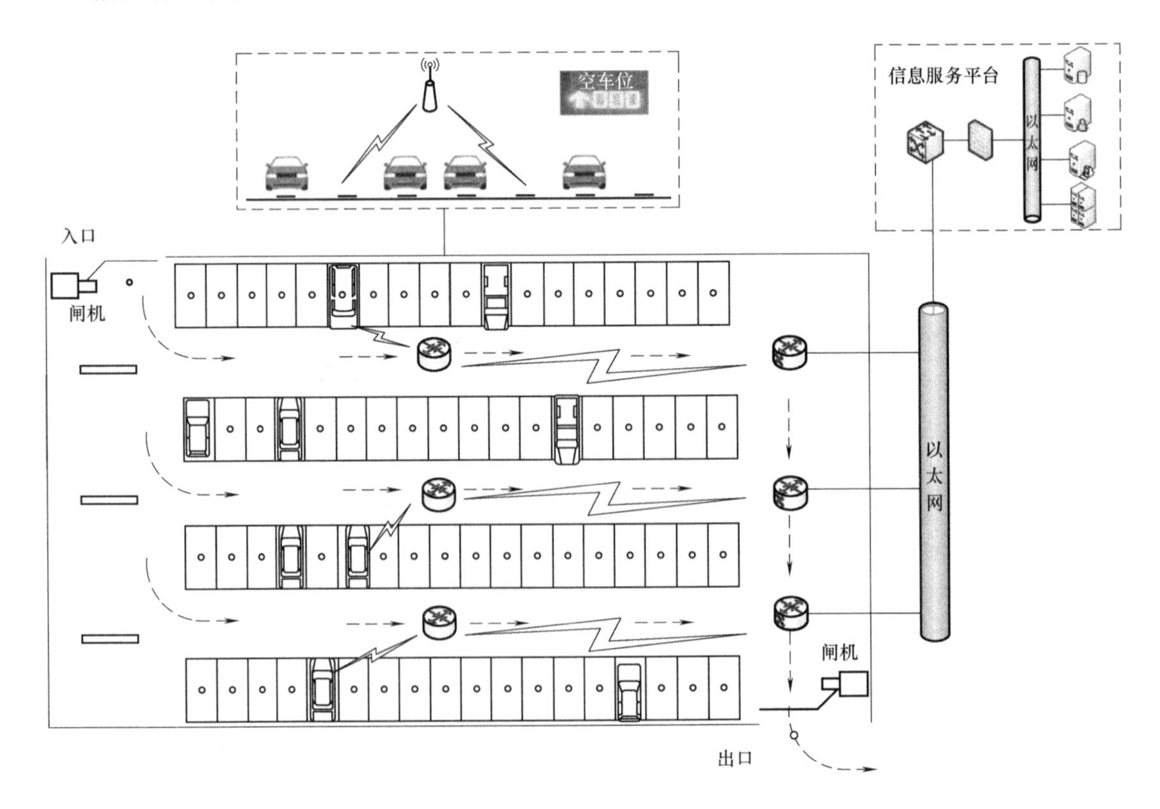

图 4-8　泊位引导系统示意

1. 检测子系统

检测子系统包括车位检测节点、车辆检测节点，如图 4-9 所示。

车位检测节点，埋设在车位地面正中，完成对是否有车在该车位上停放的判断。当判断无车辆停放时，检测节点通过无线的方式向中心发送车位空闲信息。当判断有车辆停放时，则发送车位占用信息。车辆检测节点布设于停车场出入口处，用于感知车辆通过信息，并通知网关系统自动控制闸机的开启与闭合，同时具备流量统计功能，用于对进出停车场的车辆数进行统计与周期性上报。

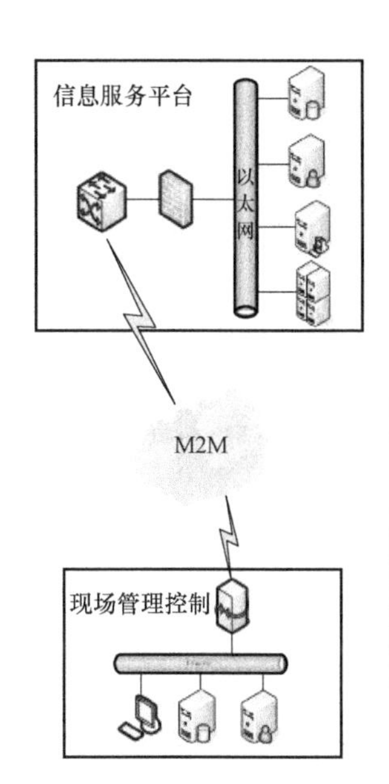

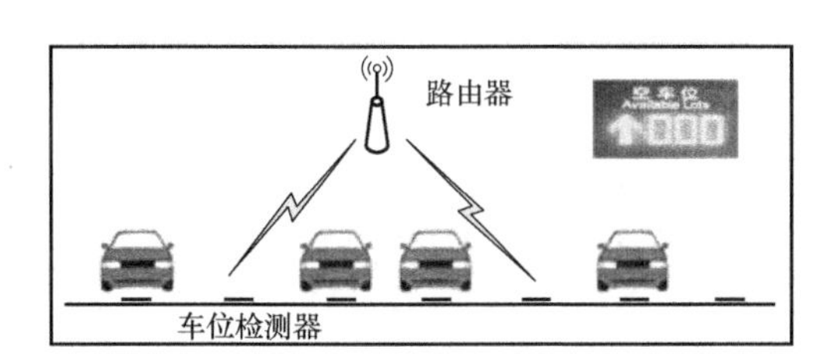

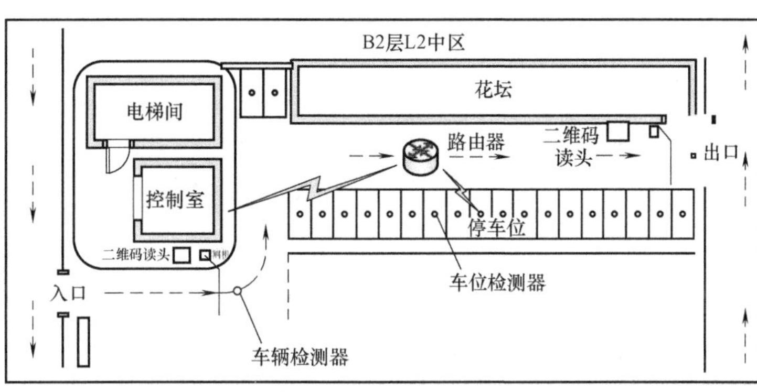

图 4-9　检测子系统示意图

2. 传输子系统

传输子系统由路由节点和中继节点组成，如图 4-10 所示。

路由节点按设计需求布设，采用 MESH 结构完成对前端检测节点发送的无线检测信号的接收和与网关节点之间的通信，将检测到的车位信息发送至网关节点进行处理，路由节点之间的通信及路由节点与网关节点之间的通信采用无线或有线的方式进行。

中继节点完成对无线无缝覆盖的补充，针对某些楼面车位的独立位置，需要中继节点完成前端检测节点无线信号的接收功能，然后将信号送路由节点进行传输。

3. 控制子系统

控制子系统由网关节点组成。

网关节点完成与传输节点、管理平台的连接功能，用于传输节点的数据汇集，网关节点同步控制出入口闸机、二维码读头、车辆检测器等，完成车辆进出停车场的识别与现场设备的控制，同时完成 LED 引导屏的信息发布功能。提供 USB、网口、串口等常用设备接口，支持与其他系统（如车位预订系统、停车场管理系统等）的集成。

4. 信息发布子系统

信息发布子系统由多级可变诱导屏、区域停车入位引导屏、触摸式查询终端和公共发布

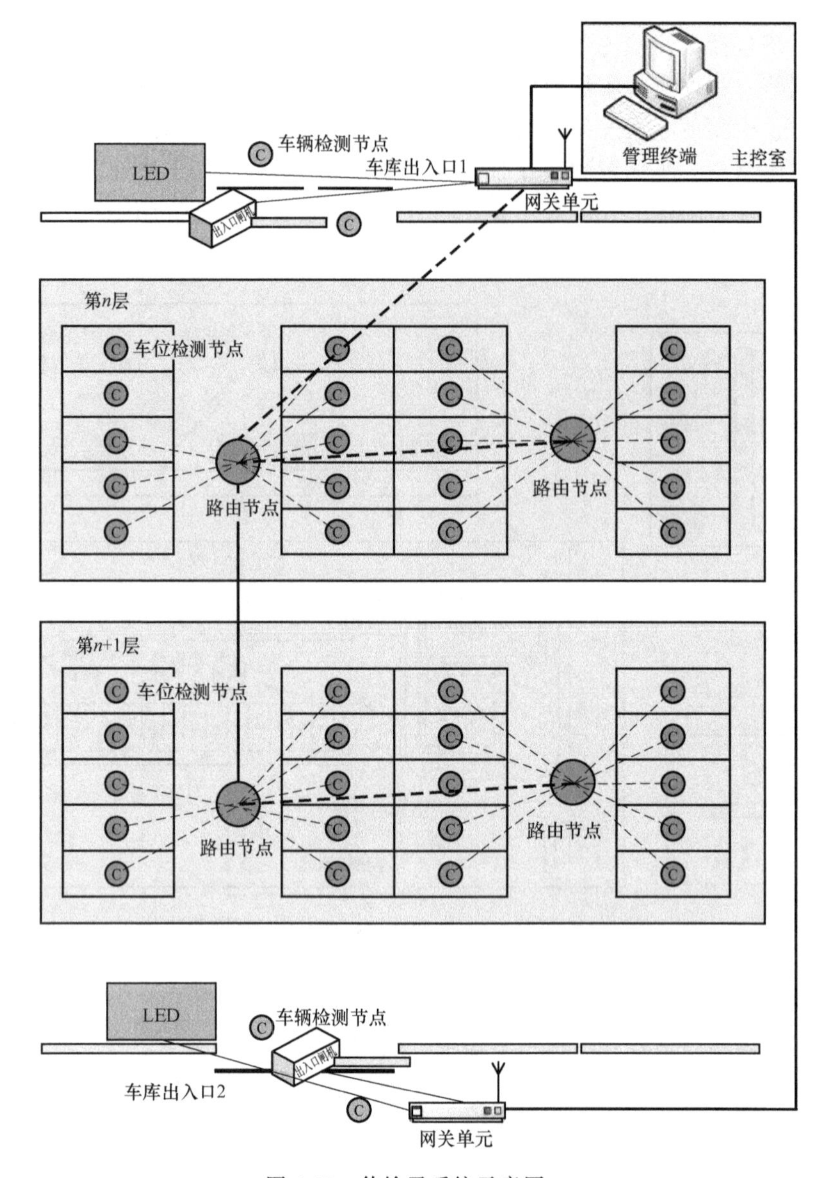

图 4-10　传输子系统示意图

网站组成。完成对区域内车位状态信息的实时更新发布、区域显示停车入位信息、车位预定查询及反向寻车等功能。

信息服务平台系统通过对前端所有采集到的基础数据信息进行融合汇总后，根据不同的发布需要进行数据显示分发。多级可变诱导屏布设于进入区域的主干道路上，实时更新显示区域内剩余车位数量，供驾驶人进行停车选择；区域停车入位引导屏布设于停车场内进入固定分区的道路上，为驾驶人进行区域停车入位进行指引。

5. 管理子系统

管理子系统由服务器、现场后台管理软件、停车信息服务平台软件组成，如图 4-11 所示。

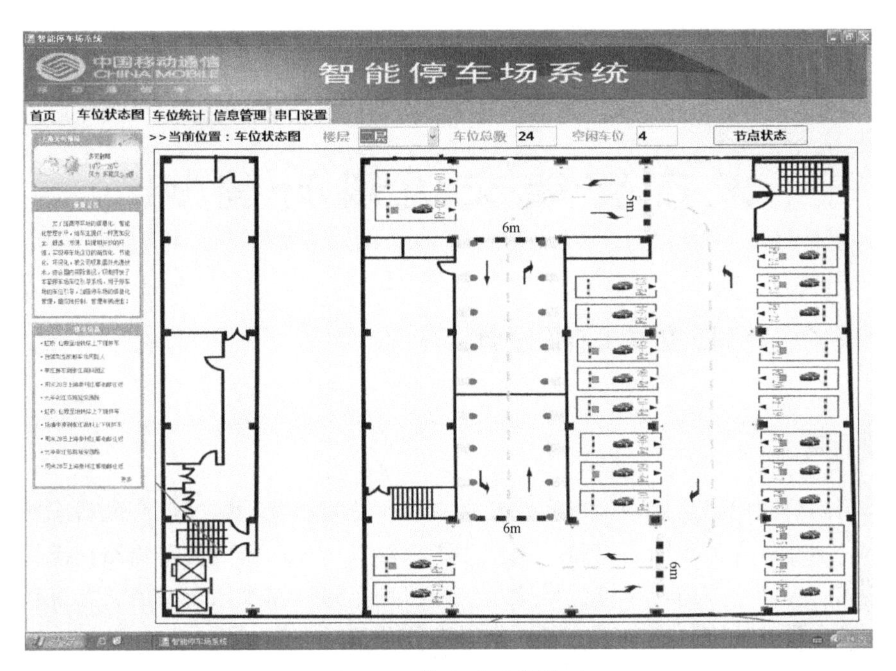

图 4-11　管理子系统界面

现场后台管理系统软件采用 C/S 架构，完成对停车场车位的管理功能，包括楼面空余车位显示（二维平面图）、空余车位统计、车位占用统计、空位车位信息发布、周期时间车位使用状况统计等功能，实时告知现场物业管理人员，现阶段停车场内的车位使用、预定、剩余情况。

停车信息服务平台软件采用 B/S 架构，完成与多个停车场现场后台管理软件实现同步管理，同时通过 M2M 平台，完成对多停车场现场设备的状态监管。信息服务平台软件连接二维码平台、手机短信支付平台，完成车位预定时终端用户的身份确认、停车使用周期完成的计费管理等功能。

第5章

城市智能交通设计案例

5.1 新建灯控路口交通组织设计

5.1.1 项目背景

北京市朝阳公园南路与甜水园东街路交叉口位于北京市朝阳区，该交叉口东西方向为朝阳公园南路、南北方向甜水园东街路，相交为丁字路口。朝阳公园南路道路标准横断面为四幅路断面形式。设计为双向八车道，设置单独非机动车道。甜水园东街道路标准横断面为一幅路断面形式。设计为双向四车道，设置有单独的非机动车道。

5.1.2 项目设计内容

本设计内容包括交通设施及电源管线、智能交通信号控制机及交通信号灯和防雷接地系统。

1. 交通设施及电源管线设计

（1）电源及供电方式

电源系统设计范围为路口交通设施电源配电箱进线断路器以下，引入一路0.4kV外电源线路。交通设施供电方式采用在路口设置交通设施电源配电箱，每个设置交通设施的路口供电容量按5kW、AC380V/AC220V考虑，配电箱内设置UPS。并按照供电公司要求安装电能计量表。电源电缆接入接线箱进线开关端子，PE线做重复接地，接地电阻小于1Ω。

所有交通信号灯用电缆均由路口智能交通信号控制机引出，至各个交通信号灯。

（2）路口预埋管线

所有相交道路路口闭环预埋6根过路热镀钵钢管，管道两端设置手孔井，为交通信号灯、交通监控等设施预留穿线条件，防止二次破路影响道路通行。

电缆及电缆敷设：交通设施电源电缆采用YJV-1型铜芯交联聚乙烯绝缘电力电缆穿SC80热镀锌钢管或穿PEϕ89聚乙烯硬质塑料管埋地敷设。交通信号控制电缆均采用KVVP-0.5型铜芯控制电缆穿SC80热镀锌钢管或穿PEϕ89聚乙烯硬质塑料管埋地敷设。

管道敷设深度：管顶深0.8m。

管道基础处理：管沟开挖后，管道沟槽底部坚实平整，沟底铺设50mm细沙，管道敷设后分层回填，回填密实度达到95%。如果管道敷设在走重车的路面下，管道应采用不小于C25素混凝土包封，包封厚度不小于100mm。信号灯杆、监控杆旁边均设置手孔井一座，手孔井至杆之间敷设PEϕ89聚乙烯硬质管。

手孔井：手孔井基础应坚实、平整。手孔井内外防水采用内外抹防水砂浆20mm，沟底

铺设 150mm 细沙。信号灯检查井采用外方内圆铸铁五防井盖，轧制“交通设施”专用标志。

管口封堵：管道口穿缆后应进行封堵，防止雨水、泥沙流入管道或老鼠进入破坏电缆电线。

电缆敷设：电缆在管道中不应有接头、破损，电缆敷设应有余量，冗余部分可在信号机、接线箱或手孔井中预留。

光纤线路：光纤租用通信运营商光纤（或按照交管部门要求接入），从路口通信管道就近接入。

2. 智能交通信号控制机及交通信号灯设计

（1）交通信号机

主要路口设置信号控制机，信号机机型应与所在区域信号控制系统兼容。为方便使用和维护，交通信号机安装在位于通信管线一侧的人行步道上，安装位置尽量便于执勤民警观察路口的整体情况及维护人员维护。

信号机总体要求：交通信号机应符合中华人民共和国公共安全行业标准，应采用先进、稳定、可靠的模块化多处理器、多总线系统结构，结合灵活的多功能固化应用软件，可实现路口交通信号控制、路段行人过街控制、主线车道信号/标志控制、匝道控制、快速路汇/分流控制、综合交通数据采集等；交通信号控制主机应采用多相位、多时段、绿波带集中协调式联网交通信号控制机；信号机带车路协同系统，机型应与所在区域机型兼容。

交通信号机采用 19in 标准机架模块化安装结构，可以方便地安装在标准化机柜内。信号机外壳采用 304 不锈钢，机箱手控门采用三角通用钥匙。信号机性能及电气安全要求应符合国标 GB 25280—2016《道路交通信号控制机》的要求。

（2）交通信号灯

根据交通工程专业的要求在相关路口设置智能交通信号灯。信号灯主灯杆原则上设置在路口的对向出口方向。

机动车信号灯的设置模式：车行信号灯根据道路断面及路口相交形式分别采用不同臂长的 L 型单悬臂杆型。信号灯杆安装在人行步道上，灯杆安装位置在人行步道上曲线和直线交界处，距路牙 0.8m。

非机动车、人行信号灯的设置模式：非机动车信号灯与车行灯共杆安装，安装在车行灯立柱上，高度为 3.0m；人行信号灯采用单立柱杆型，杆高为 3m，信号灯安装高度为 2.5m；信号灯杆安装在人行步道上。杆上安装蜂鸣器音箱（北京地区五环以内），方便盲人过街。

交通信号灯技术要求如下：

① 信号灯尺寸与结构必须符合国家标准 GB 14887—2011《道路交通信号灯》的要求。

② 车行信号灯采用 ϕ300 超高亮度 LED 灯（20W×3），为红、黄、绿三色满屏及箭头指示信号灯，颜色红、绿两色；非机动车信号灯采用 ϕ300 LED 灯（15W×3），为红、黄、绿三色有图案指示信号灯。行人信号灯采用 ϕ300 LED 灯（15W×2），为红、绿两色有图案指示信号灯。

③ 信号灯的外壳要求采用黑色聚碳酸酯，每个光学单元须装上遮阳板。色片直径均为 300（或 400）mm，并按要求制作成复合三色，同组三个发光单元依次显示红、黄、绿，色度均匀，其结构新颖、外形美观、多重密封、防尘、防水。

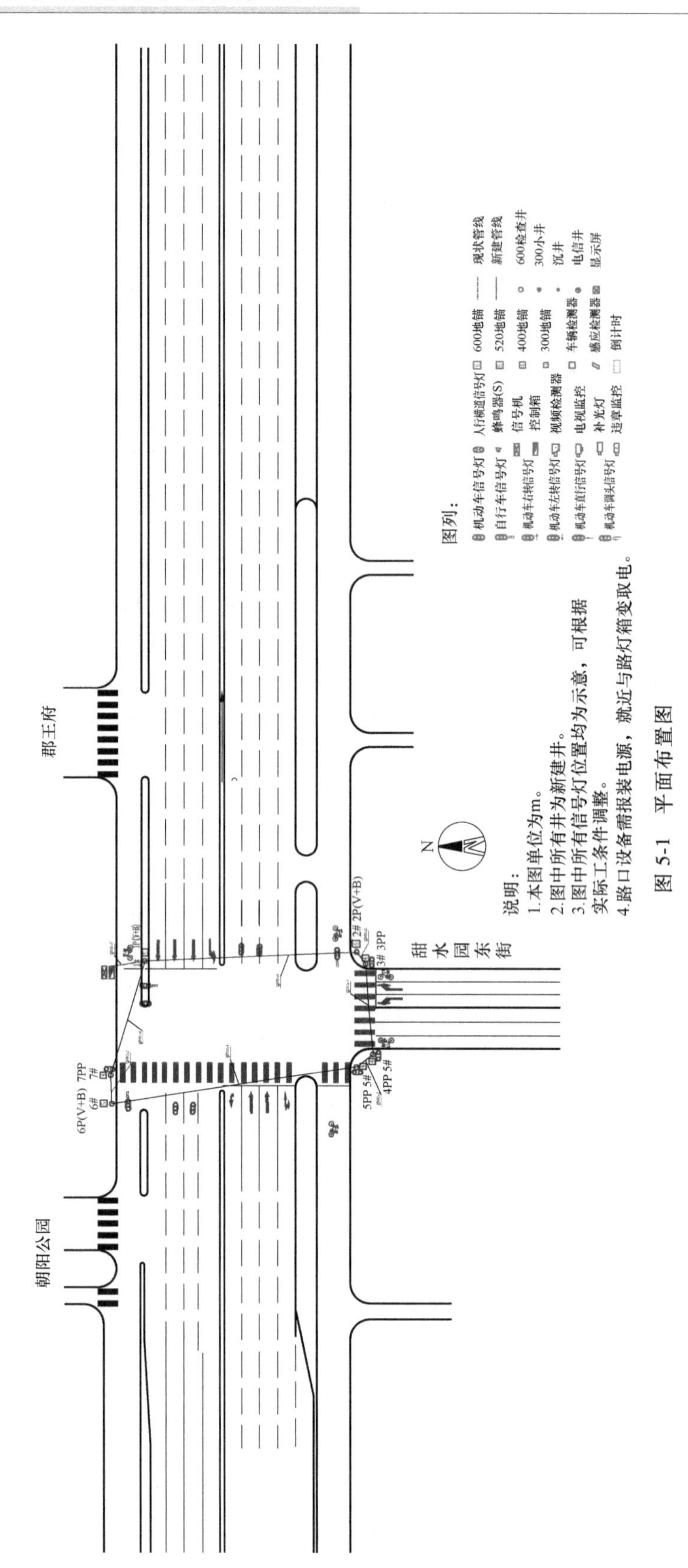

朝阳公园
郡王府
甜水园东街
6P(V+B) 6#
7PP 7#
2# 2P(V+B)
3# 3PP
5PP 5#
4PP 5#
N
图列：
机动车信号灯
人行横道信号灯
600地锚
现状管线
自行车信号灯
蜂鸣器(S)
520地锚
新建管线
机动车右转信号灯
信号机
400地锚
600检查井
控制箱
300地锚
300小井
机动车左转信号灯
视频检测器
车辆检测器
沉井
机动车直行信号灯
电视监控
感应检测器
电信井
补光灯
倒计时
显示屏
机动车调头信号灯
违章监控
说明：
1.本图单位为m。
2.图中所有井为新建井。
3.图中所有信号灯位置均为示意，可根据实际工条件调整。
4.路口设备需报装电源，就近与路灯箱变取电。

图 5-1 平面布置图

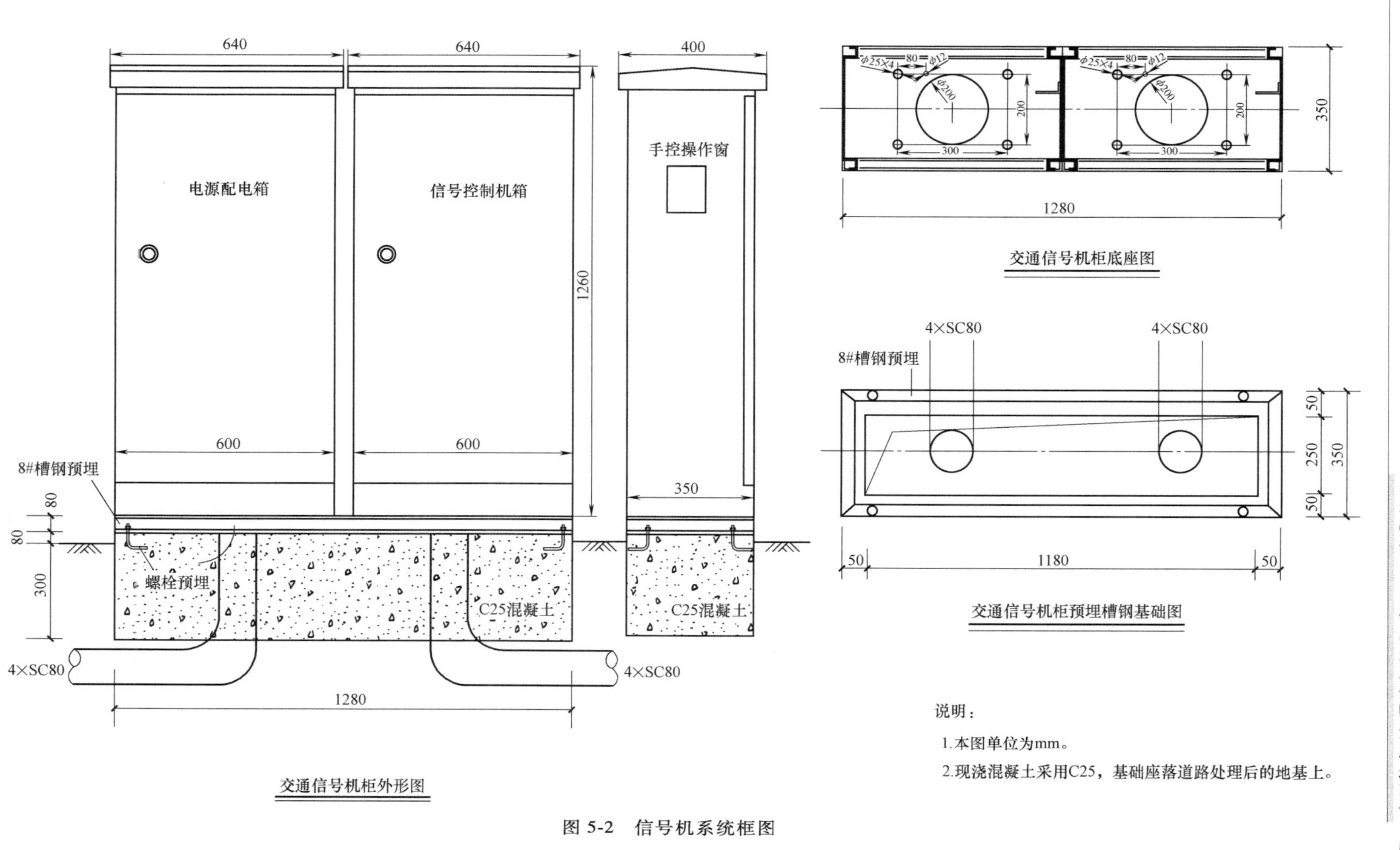
640
640
400
电源配电箱
信号控制机箱
手控操作窗
1260
600
600
350
8#槽钢预埋
80
80
300
螺栓预埋
C25混凝土
C25混凝土
4×SC80
4×SC80
1280
交通信号机柜外形图
φ25×4
80
φ12
φ200
200
300
350
1280
交通信号机柜底座图
4×SC80
4×SC80
8#槽钢预埋
50
250
350
50
1180
交通信号机柜预埋槽钢基础图
说明：
1.本图单位为mm。
2.现浇混凝土采用C25，基础座落道路处理后的地基上。

图 5-2　信号机系统框图

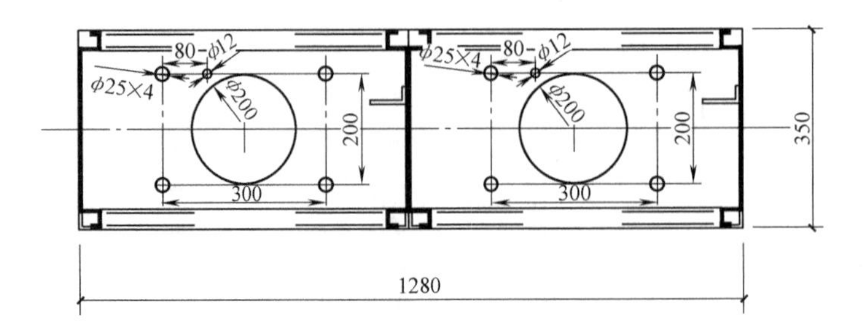

交通信号机柜底座图

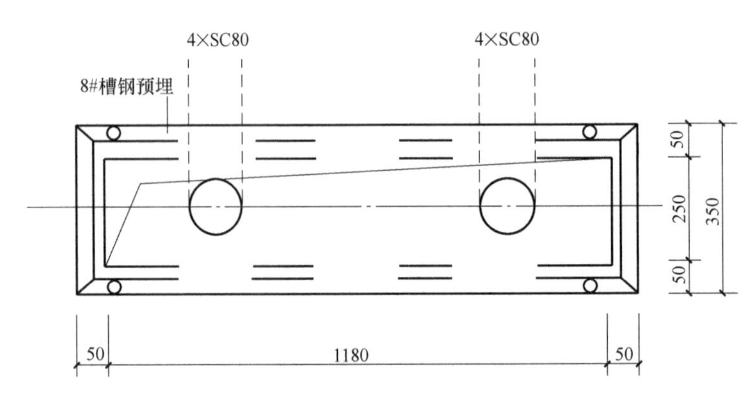

说明：
1.本图单位为mm
2.现浇混凝土采用C25，基础座落道路处理后的地基上。

交通信号机柜预埋槽钢基础图

图 5-3 信号机配电柜基础图

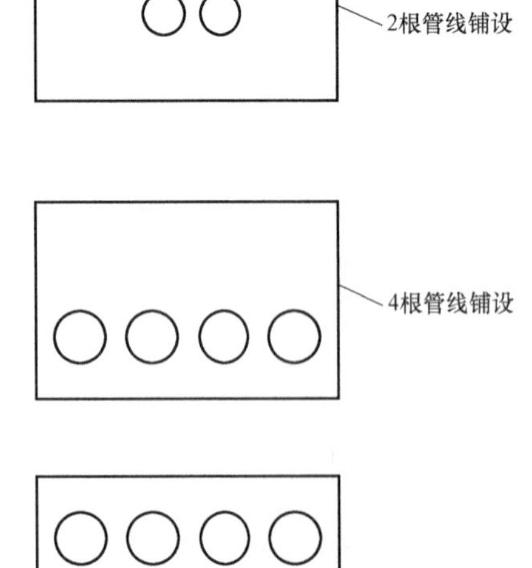

说明：
1.过街管线φ80×4使用壁厚4mm的镀锌钢管，埋放深度应在0.7m以上。
2.其余管线φ80×2均使用塑料波纹管，埋放深度不小于0.5m。

图 5-4 过路管断面图

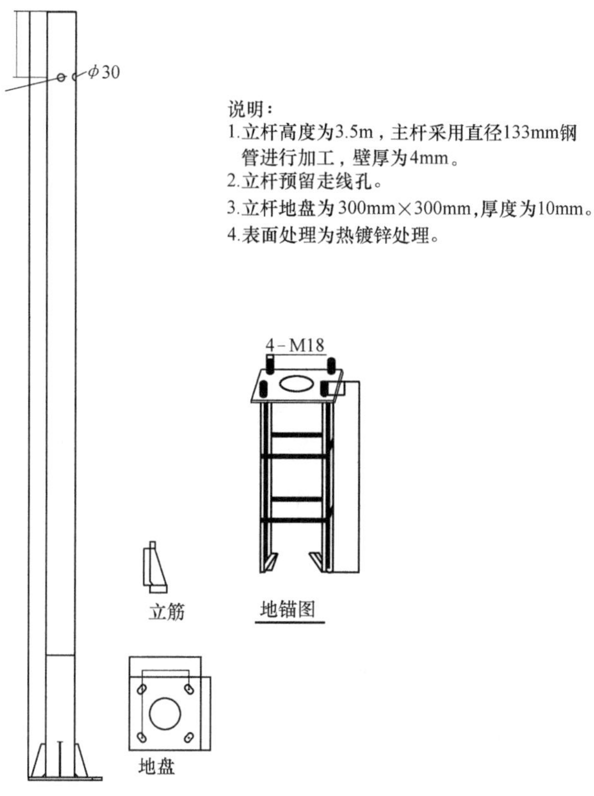

图 5-5 立柱信号灯杆大样图

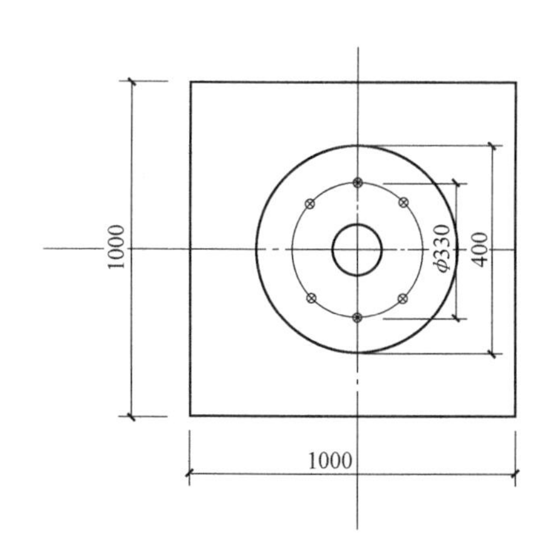

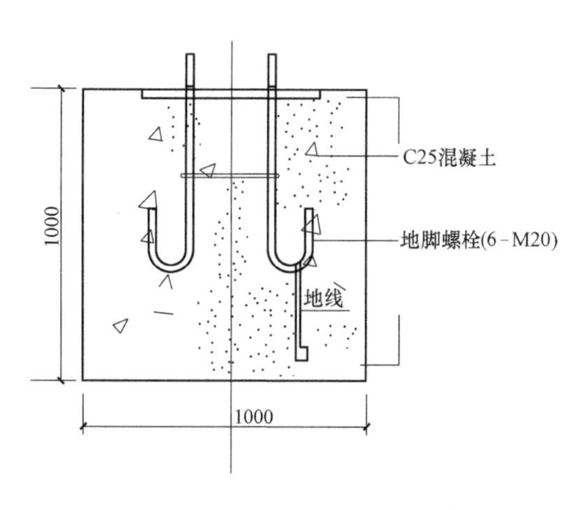

说明:

1.基础施工时基底应先整平夯实使基底承载力达到150kN/m², 控制好标高, 施工完毕, 基坑肥槽应分层回填夯实。

2.基础顶面应预埋地脚螺栓。

3.混凝土强度达到设计强度的70%后方可进行杆体施工。

4.杆体安装到位后，用C10细石混凝浇土将螺栓、螺母浇注封闭，以防锈蚀。

5.如果采用土模施工,应采取有效措施控制结构外形。

6.钢筋网保护层厚度50mm。

7.施工完毕，应对地脚螺栓外露丝扣部分加以妥善保护。

图 5-6 人行灯杆基础大样图

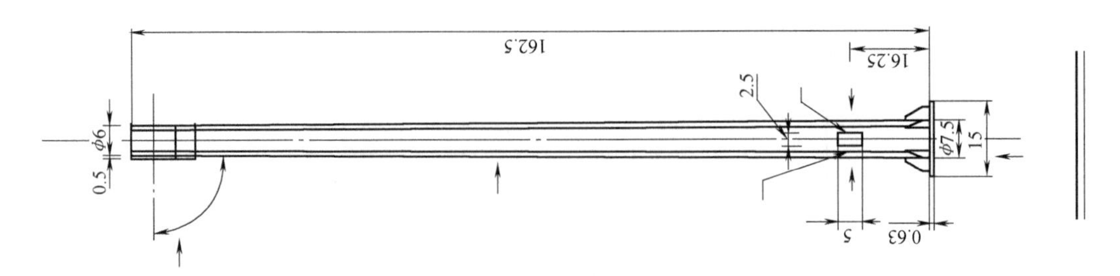

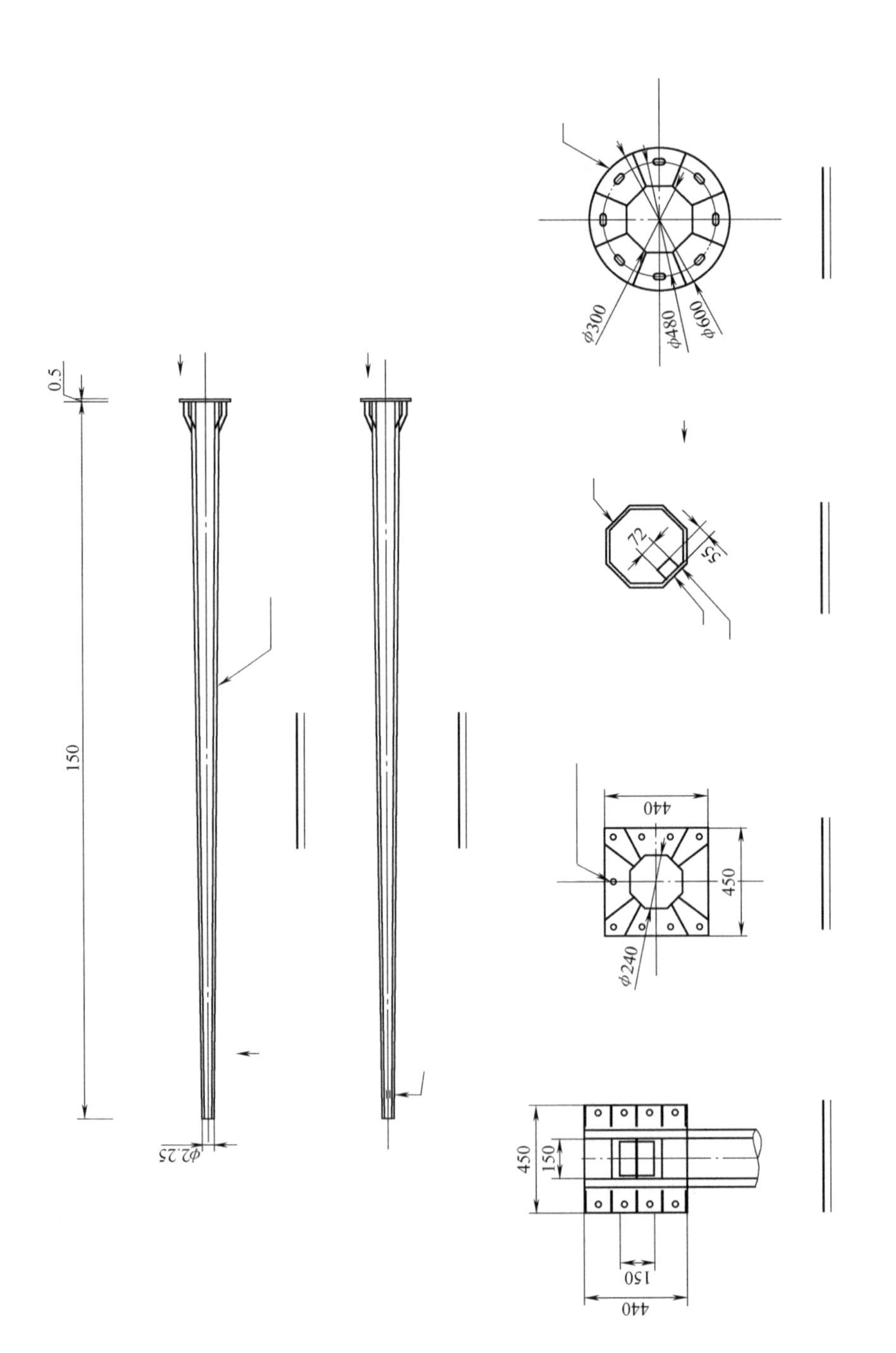

图 5-7 伸臂式信号灯杆大样图

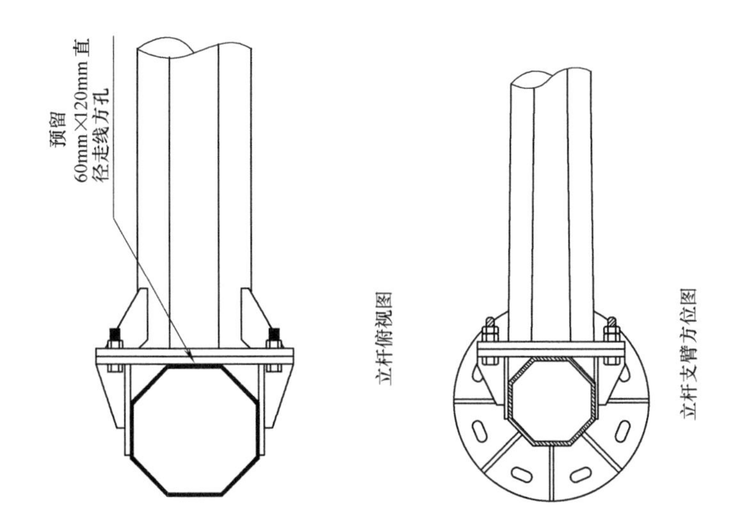

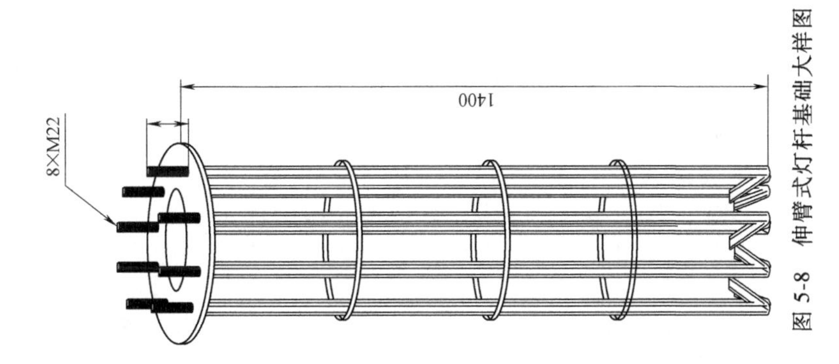

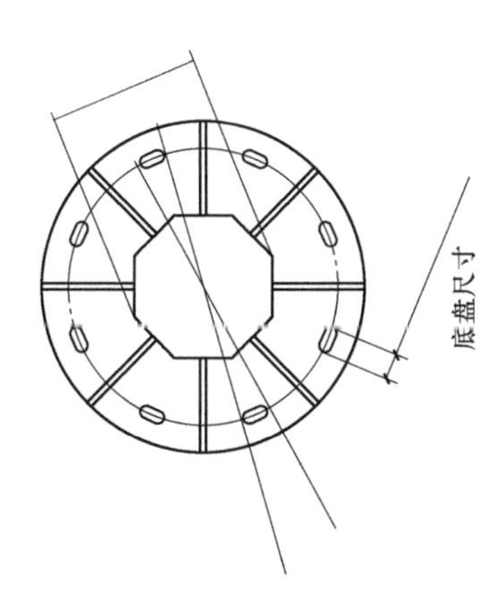

图 5-8 伸臂式灯杆基础大样图

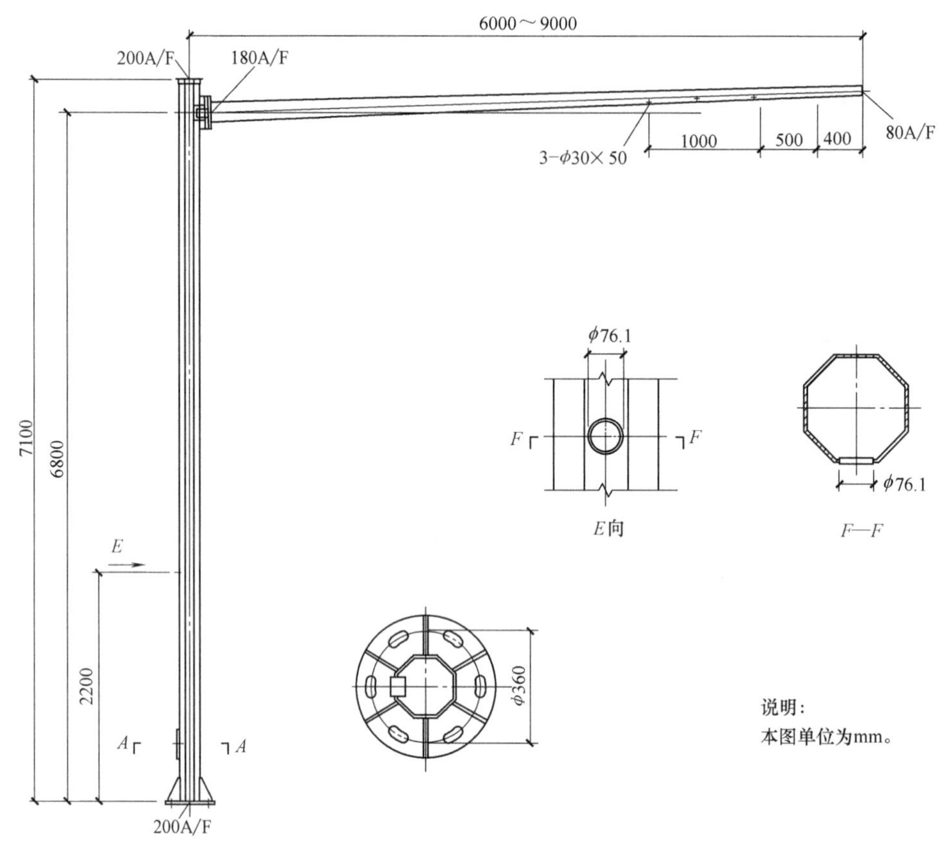

图 5-9　伸臂式 6~9m 监控杆大样图

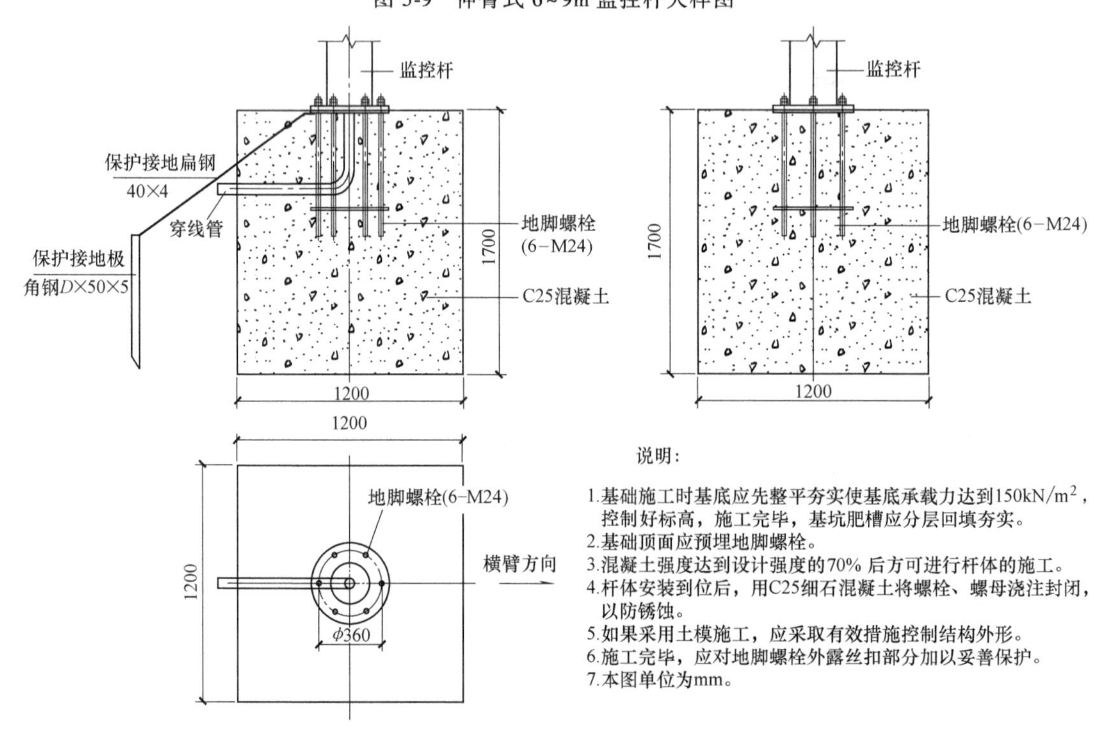

图 5-10　伸臂式 6~9m 基础大样图

3. 防雷接地系统设计

为保证道路交通信号灯及交通监控系统安全可靠运行和人身安全，在路口交通电源箱、交通信号机周围设独立的接地装置，保护接地形式采用 TN-S 系统，系统接地电阻≤1Ω。除此之外，路口交通电源箱、交通信号灯杆、交通监控杆、埋地钢管及其他电气设备金属外壳均应良好接地。每根信号灯、监控杆均进行重复接地，打一根接地极，接地电阻≤10Ω。

所有电气设备金属外壳、钢管、构件等的外露可导电部分，均进行保护接地，并应符合国家现行相关标准的要求。

接地体采用∟50mm×5mm×2500mm 镀锌角钢或者 ϕ20×2500mm 镀锌圆钢作为接地极，连接母线采用 ϕ10 热镀锌钢筋。接地极与连接母线焊接。

接地极敷设深度 1.5m。实测接地电阻小于 10Ω。

信号控制机电源进线，设置限压型避雷器。信号灯信号输出端子设置压敏电阻。

5.1.3　项目设计图

朝阳公园南路甜水园东街交叉口的设计图如图 5-1~图 5-10 所示。

5.2　智能交通设计

5.2.1　平安里路口交通配时优化设计

平安里路口地处北京市西城区二环内，是平安大街与西单北大街的十字交叉路口，同时是地铁 4 号线与地铁 6 号线的换乘站，附近学校商铺密集，早晚高峰车流量较大，易形成交通拥堵。

本次设计内容主要包括，交叉口交通信号相位、相序、灯序设计；交叉口信号基本配时方案；干线协调控制方式、感应控制方式、多时段控制方式、手动面板控制方式等。

1. 交通量的调查分析

调查平面路口在交通量的主要目的是为了得到交通需求。通行能力、流向分布和交通组成等方面的资料，以使对路口运行效能做成准确的评价，提出管理措施或改建方案。

通过调查和观测（见表 5-1、表 5-2）得知，平安里路口（见图 5-11）早高峰持续时间较长，9：00—10：00 机动车流量、非机动车及行人流量仍然较大。9：00—10：00 对交叉口进行流量调查，包括左右转弯机动车、直行机动车，然后进行分析，以便设计出合理的交通量。

9：00—10：00，路口四个方向的机动车总流量为 4918 辆/h，其中东西方向流量大于南北方向流量，西进口总流量为 1744 辆/h，东进口总流量为 1596 辆/h，北进口总流量为 726 辆/h，南进口总流量为 852 辆/h。

表 5-1　平安里路口机动车流量调查表（2018 年 12 月某日）

时间	直行	左转	右转
(西向东)09:00—10:00	1372	180	192
(东向西)09:00—10:00	1304	128	164
(南向北)09:00—10:00	450	246	156
(北向南)09:00—10:00	408	148	170

表 5-2 平安里路口现状车道明细表

方向	进口机动车道类型(现状)
北	1 条左转车道、1 条直行车道、1 条直右车道
东	1 条左转车道、3 条直行车道、1 条右转车道
南	1 条左转车道、1 条直行车道、1 条直右车道
西	1 条左转车道、3 条直行车道、1 条右转车道

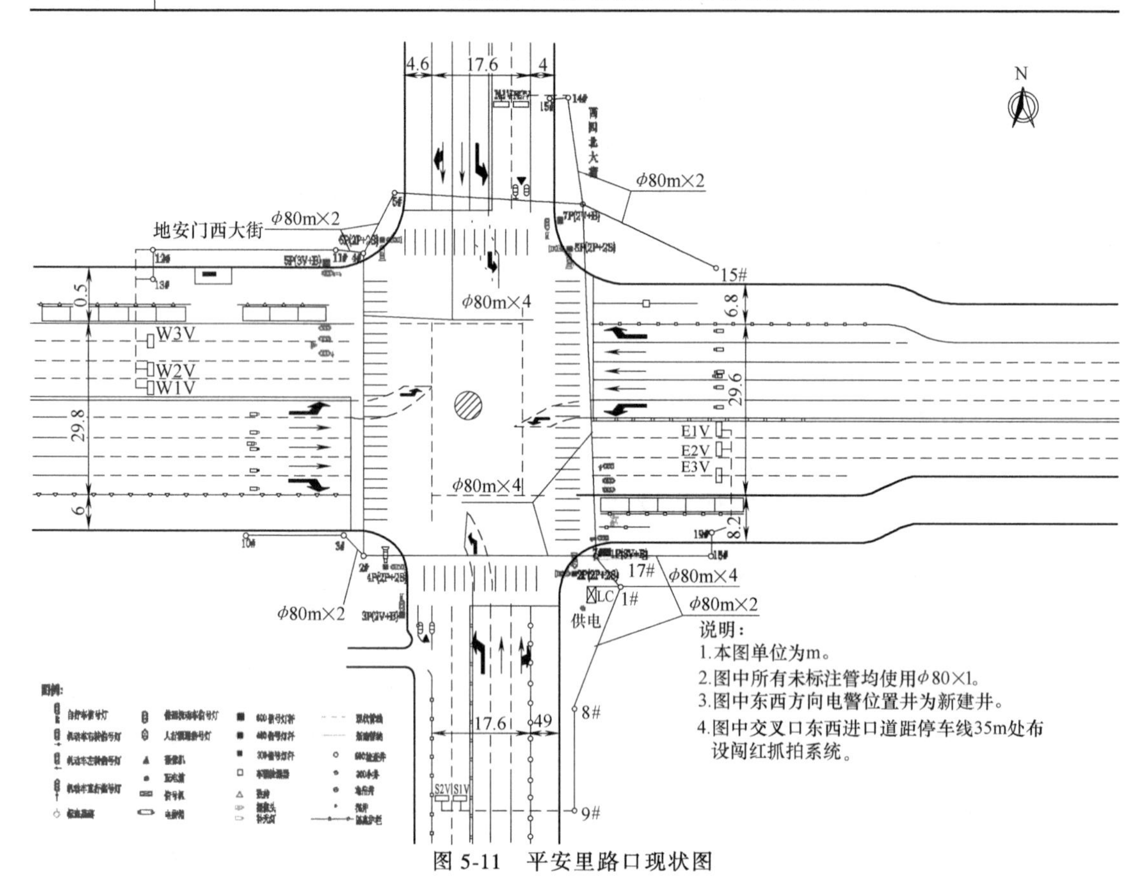

图 5-11 平安里路口现状图

2. 信号控制方案的时段划分

对于交通流量变化较为突出的路口，应根据不同时段的流量特征制定不同的信号放行方案。平安里路口现状时段划分见表 5-3。

表 5-3 平安里路口现状时段划分

时段	运行方案	时段	运行方案
00:00—5:00	1	13:30—16:30	4
5:00—6:00	2	16:30—19:30	6
6:00—7:00	3	19:30—20:30	4
7:00—8:30	5	20:30—23:30	3
8:30—11:30	4	23:30—00:00	2
11:30—13:30	3		

3. 配时方案设计

平安里路口信号机为 T800 型信号机，共设 6 个方案，见表 5-4。

表 5-4　平安里路口配时方案表

阶段 1	阶段 2	阶段 3	阶段 4

时段	第一时段（含间隔）/s	第二时段（含间隔）/s	第三时段（含间隔）/s	第四时段（含间隔）/s	周期时间/s
方案 1	30	20	30	30	110
方案 2	35	20	35	30	120
方案 3	48	22	40	30	140
方案 4	60	20	40	30	150
方案 5	58	25	47	30	160
方案 6	65	30	45	30	170

9：00—10：00 时段现状信号机运行方案 4，周期为 150s，间隔时间为 8/6s（黄灯 4s，全红 4/2s）。

配时方案设计为周期 162s，东西直行绿灯时间 60s、黄灯时间 4s、全红时间 4s；东西左转绿灯时间 15s、黄灯时间 4s、全红时间 2s；南北直行绿灯时间 32s、黄灯时间 4s、全红时间 4s；南北左转绿灯时间 27s、黄灯时间 4s、全红时间 2s，东西方向相对相位差（相对东侧四中路口）25s。

4. 相位方案设计

相位方案指相位的组合方式，一般来说，交叉口形式越复杂，相位方案越复杂，相位数增加，相应地会引起相位改变时损失增加，因此交叉口处理交通的能力会下降，在相位方案设计时，应注意以下几点：

① 应确保同一交通流线上相位的连续性，即对同一交通流设置两种以上的相位时，这些相位在时间上要保证连续性。

② 大流量时应考虑设置左转专用相位和行人信号灯。

③ 相位校尽量不超过 4 个，在兼顾主干道安全的情况下，以设置三相位为宜。

④ 尽量避免冲突，要兼顾行人和非机动车。

针对平安里交通流特点和相位划分如下：

第一阶段为东西直行；第二阶段为东西左转；第三阶段为南北直行；第四阶段为南北左转。

5. 确定设计交通量

确定设计交通量时，应按交叉口每天交通量的时变规律，分为早高峰时段、下午高峰时段、晚高峰时段、早晚低峰时段及一般平峰时段，然后确定相应的设计交通量。

已选定时段的设计交通量，需按该时段内交叉口各进口道不同流向分别确定，其计算公式如下：

$$q_{dmn}=4Q_{15_{mn}}$$

式中 q_{dmn}——配时时段中，进口道 m、流向 n 的高峰小时最高交通量（辆/h）。

$Q_{15_{mn}}$——配时时段中，进口道 m、流向 n 的高峰小时最高 15min 的交通量（辆/15min）。

无最高 15min 流率的实测数据时可按下式估算：

$$q_{d_{mn}}=\frac{Q_{mn}}{(\mathrm{PHF})_{mn}}$$

式中 Q_{mn}——配时时段中，进口道 m、流向 n 的高峰小时交通量（辆/h）；

$(\mathrm{PHF})_{mn}$——配时时段中，进口道 m、流向 n 的高峰小时系数；主要进口道可取 0.75，次要进口道可取 0.8。

6. 饱和交通流量计算

饱和流量的定义：在一次连续的绿灯信号时间内，进口道上一列连续车队能通过进口道停车线的最大流量，即车辆数量/绿灯小时。

饱和流量随交叉口几何因素、渠化方式及各流向交通冲突等情况而异，比较复杂。因此，应尽量采用实测数据，实在无法取得实测数据时，如新建交叉口设计时，才考虑用以下估算方法。

交叉口进口道经划分车道并加渠化以后，进口道饱和流量随进口道车道数及渠化方案而异，所以必须分别计算各条进口车道的饱和流量，然后再把各条车道的饱和流量累计成进口道的饱和流量。

饱和流量用实测平均基本饱和流量乘以各影响因素校正系数的方法估算，即进口车道的估算饱和流量：

$$S_f=S_{bi}f(F_i)$$

式中 S_{bi}——第 i 条进口车道基本饱和流量（辆/h）；

$f(F_i)$——各类进口车道各类校正系数。

各类进口车道各有其专用相位时的基本饱和流量 S_{b_i}，可采用表 5-5 给出的数值。

表 5-5 各类进口道基本饱和流量参考值

车道	各类进口道基本饱和流量 S_{b_i}/(辆/h)
直行车道	1400~2000，平均 1650
左转车道	1300~1800，平均 1550
后转车道	1550

（1）各类车道通用校正系数

1）车道宽度校正

$$f_W=\begin{cases}1 & 3.0<W\leqslant 3.5\\ 0.4(W-0.5) & 2.7\leqslant W\leqslant 3.0\\ 0.05(W+16.5) & W>3.5\end{cases}$$

式中　f_W——车道宽度校正系数；

W——车道宽度（m）。

2）坡度及大车校正

$$f_g = 1-(G+\mathrm{HV})$$

式中　f_g——坡度及大车校正系数；

G——道路纵坡，下坡时取0；

HV——大车率，这里HV不大于0.50。

（2）直行车道饱和流量

直行车流受相位绿灯初期左转自行车的影响时，直行车道设计饱和流量除须作通用校正外，尚须作自行车影响校正，自行车影响校正系数按下式计算：

$$f_b = 1-\frac{1+\sqrt{b_L}}{g_e}$$

式中　f_b——自行车影响校正系数：

b_L——绿初左转自行车数（辆/周期）。

b_L应用实测数据，无实测数据时，可用下式估算：

$$b_L = \frac{\beta_b B(C-g_e)}{C}$$

式中　B——自行车流量（辆/周期）；

β_b——自行车左转率；

C——周期（s），先用初始周期时长计算；

g_e——有效绿灯时长（s）。无信号配时数据时，可按下式粗略确定g_e：

$$g_e = \frac{G_e}{j}$$

式中　j——周期内的相位数。

直行车道饱和流量为

$$S_T = S_{bT} f_W f_g f_b$$

式中　S_T——直行车道饱和流量（辆/h）；

S_{bT}——直行车道基本饱和流量（辆/h），见表5-5。

（3）左转专用车道饱和流量

1）有专用相位

$$S_L = S_{bL} f_W f_g$$

式中　S_L——有专用相位时左转专用车道饱和流量（辆/h）；

S_{bL}——左转专用车道有专用相位时的基本饱和流量（辆/h），见表5-5。

2）无专用相位

$$S_L = S_{bL} \times f_W \times f_g \times f_L$$

左转校正系数为

$$f_L = \exp\left[-0.001\xi \frac{q_{T0}}{\lambda}\right]-0.1$$

上两式中　S_L——无专用相左转专用车道饱和流量（辆/h）；

ξ——对向直行车道数的影响系数，见表5-6：

表5-6　对向直行车道数的影响系数

对向直行车道数	1	2	3	4
影响系数 ξ	1.0	0.625	0.51	0.44

q_{T0}——对向直行车流量（辆/h）；

λ——绿信比。缺信号配时数据时，按下式粗略估算 λ：

$$\lambda=\frac{G_e}{jC}$$

（4）右转专用车道饱和流量

1）有专用相位时

$$S_R=S_{bR}f_W f_g f_r$$

式中　S_R——有专用相位时右转专用车道饱和流量（辆/h）；

S_{bR}——左转专用车道基本饱和流量（辆/h），见表5-5。

f_r——转弯半径校正系数。按下计算 f_r：

$$f_r=\begin{cases}1 & r<15\text{m}\\0.5+\dfrac{r}{30} & r\leqslant 15\text{m}\end{cases}$$

式中　r——转弯半径（m）。

2）无专用相位

$$S_R'=S_{bR}f_W f_g f_r f_{pb}$$

式中　S_R'——有专用相位时右转专用车道饱和流量（辆/h）；

S_{bR}——行人或自行车影响校正系数。

$$f_{pb}=\min[f_p,f_b]$$

行人影响校正系数 f_p 为

$$f_p=\frac{(1-p_f)g_p+(g_{eR}-g_p)}{C}$$

式中　p_f——左转绿灯时间中，因过街人干扰，右转车降低率；

g_p——过街行人消耗绿灯时间（s）；

g_{eR}——右转相位有效绿灯时间（s）；

C——信号周期时长（s）。

按上式估算有困难时，建议按表取 f_p。

自行车影响校正系数 f_b 为

$$f_b=1-\frac{t_T}{g_j}$$

式中　g_j——该相位显示绿灯时长（s）；

t_T——直行自行车绿初驶出停车线所占用时间（s）。

行人影响校正系数 f_p 的参考值见表5-7。

表 5-7　行人影响校正系数 f_p 的参考值

周期/s	行人少(<20 人/周期) $p_f=0.15$ g_{eR}/c			行人多(>20 人/周期) $p_f=0.7$ g_{eR}/c		
<60	0.4	0.5	0.6	0.4	0.5	0.6
60	0.88	0.88	0.87	0.45	0.42	0.40
90	0.87	0.87	0.86	0.40	0.38	0.36
120	0.87	0.86	0.86	0.37	0.36	0.35

$$t_T=\left(\frac{b_{TS}}{S_{TS}}+\frac{b_{TD}}{S_{TD}}\right)\frac{3600}{W_b}$$

式中　b_{TS}——红灯期到达停车线前排队的直行自行车的交通量（辆/周期）；

b_{TD}——绿灯期到达接在排队自行车队后直接连续驶出停车线的直行自行车的交通量（辆/周期）；

S_{TS}——红灯期到达排队自行车绿初驶出停车线的饱和流量，建议取 3600 辆/(m·h)；

S_{TD}——绿灯期到达直接驶出停车线自行车的饱和流量，建议取 1600 辆/(m·h)；

W_b——自行车道宽度（m）。

交通量应用实测数据，无实测数据时只得用简化方法估算 t_T：

$$t_T=\frac{3600(1-\lambda)b_T}{S_{TS}W_b}$$

式中　b_T——直行自行车每周期平均交通量（辆/周期）。

（5）直左合用车道饱和流量

$$S_{TL}=S_Tf_{TL}$$

直左合流校正系数为

$$f_{TL}=(q_T+q_L)/q'_T$$

$$q'_T=K_Lq_L+q_T$$

$$K_L=S_T/S'_L$$

式中　S_{TL}——直左合用车道饱和流量（辆/h）；

f_{TL}——直左合流校正系数；

q_T——合用车道中直行车交通量（辆/h）；

q_L——合用车道中左转车交通量（辆/h）；

q'_T——合用车道中直行车当量（辆/h）；

K_L——合用车道中的左转系数。

（6）直右合用车道饱和流量

$$S_{TR}=S_Tf_{TR}$$

直右合流校正系数为

$$f_{TR}=(q_R+q_L)/q'_T$$

$$q'_T=K_Rq_R+q_T$$

$$K_R = S_T / S'_R$$

式中　S_{TR}——直行合用车道饱和流量（辆/h）；

f_{TR}——直行合流校正系数；

q_T——合用车道中直行车交通量（辆/h）；

q_R——合用车道中右转车交通量（辆/h）；

q'_T——合用车道中直行车当量（辆/h）；

K_R——合用车道中的右转系数。

（7）直左右合用车道饱和流量

1）普通相位兼有行人影响

取第（5）和第（6）条计算结果的较小值。

2）有单向左转相位或单项交通

参照第（3）条计算。

3）左右合用车道饱和流量（三叉交叉口）

$$S_{LR} = S_L f_{LR}$$

左右合流校正系数为

$$f_{LR} = (q_L + q_R) / q'_L$$

$$q'_L = K_R q_R + q_L$$

$$K_R = S_L / S'_R$$

式中　S_{LR}——左右合用车道饱和流量（辆/h）；

f_{LR}——左右合流校正系数；

q_L——合用车道中左转车交通量（辆/h）；

q'_L——合用车道的左转车当量（辆/h）；

K_R——合用车道中的右转系数。

4）短车道饱和流量校正

当进口车道实际可供排队长 L_q 小于要求排队长度 L_r 时，进口车道属短车道，须做短车道饱和流量校正。那么有

$$L_r = S_f g_e L_{pcu} / 3600$$

式中　S_f——经各类校正后的饱和流量（辆/h）；

g_e——有效绿灯时长（s）；

L_{pcu}——排队中一辆小轿车的平均占位长度（m），一般取6m。

5）左转专用与右转专用车道短车道校正

专用车道本身的校正系数为

$$f_x = u_l + \eta (1 - u_L)$$

专用车道相邻车道的矫正系数为

$$f_s = u_L + (1 - \eta)(1 - u_L)$$

$$u_L = L_q / L_r$$

式中　η——使用专用车道的车辆比率。

6）合用车道短车道矫正

直左合用车道短车道矫正系数为

$$f_s f_{TL}$$

直右合用车道短车道矫正系数为

$$f_x f_{TR}$$

7）配时参数计算

信号周期时长须选用最佳周期时长，按下式计算：

$$c_0 = \frac{L}{1-Y}$$

信号总损失时间，按下式计算：

$$L = \sum_k (L_s + I - A)_k$$

式中　L_s——起动损失时间（s），应实测数据时可取3s；

A——黄灯时长（s），可定为4s；

I——绿灯间隔时间（s）；

k——一个周期内的第k个绿灯间隔。

绿灯间隔时间，按下式计算：

$$I = \frac{z}{u_a} + t_s$$

式中　z——停车线到冲突点距离（m）；

u_a——车辆在进口道路上的行驶车速（m/s）；

t_s——车辆制动时间（s）。

当计算绿灯间隔时间$l<3$s时，配以黄灯时间3s；$l>3$s时，其中3s配以黄灯，其余时间配以红灯。

流量比总和，按下式计算；

$$Y = \sum_{j=1}^{j} \max[y_j, y'_j, \cdots] = \sum_{j=1}^{j} \left[\left(\frac{q_b}{s_d}\right)_j, \left(\frac{q_d}{s_d}\right)_j, \cdots\right]; (Y \leqslant 0.9)$$

式中　Y——组成周期的全部信号相位的各个最大流量比y值之和；

j——一个周期内的相位数；

y_j——第j相的流量比；

q_b——设计交通量（辆/h）；

s_d——设计饱和流量（辆/h）。

$Y>0.9$时，须改进进口道设计或和信号相位方案，重新设计。

每周期的总有效绿灯时间按下式计算：

$$G_e = c_0 - L$$

各相位有效绿灯时间按下式计算：

$$g_{ej}=G_e\frac{\max[y_j,\ y_j',\ \cdots]}{Y}$$

各相位的绿信比按下式计算：

$$\lambda_j=\frac{g_{ej}}{c_0}$$

各相位的实际显示绿灯时间按下式计算：

$$g_j=g_{ej}-A_j+l_j$$

式中　l_j——第 j 相位起动损失时间。

最短绿灯时间按下式计算：

$$g_{\min}=7+\frac{l_p}{v_p}-I$$

式中　l_p——行人过街道长度（m）；

v_p——行人过街步速（m/s），取 1.2m/s；

I——绿灯时间间隔（s）。

计算的显示绿灯时间小于相应的最短绿灯时间时，应延长计算周期时长（以满足最短绿灯时间为度），重新计算。

确定配时方案后，利用 VISSIM 软件进行交通仿真，对优化方案进行必选，确定最佳优化方案。

7. 仿真模型搭建（见图 5-12～图 5-19）

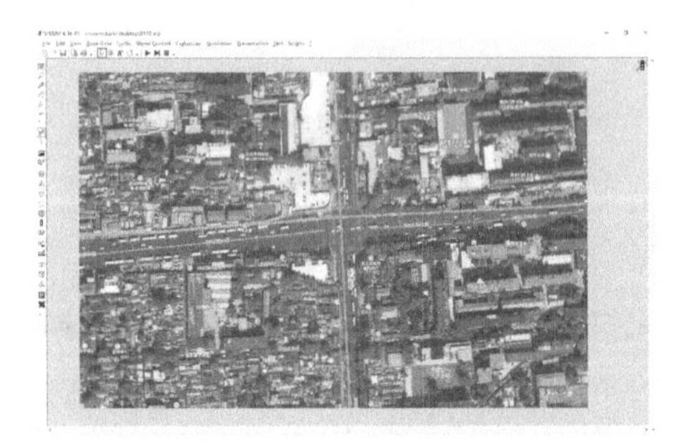

图 5-12　背景导入完成

图 5-13　路段设置

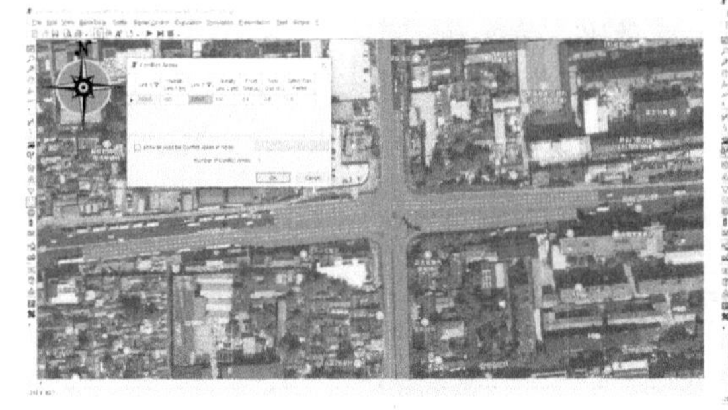

图 5-14　冲突设置

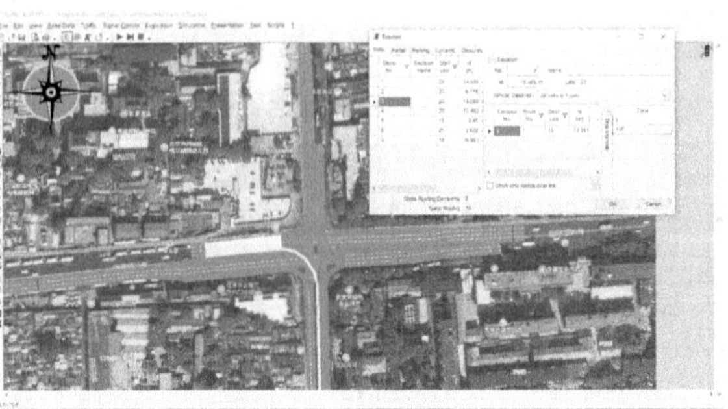

图 5-15　路径设置

图 5-16　检测器布设

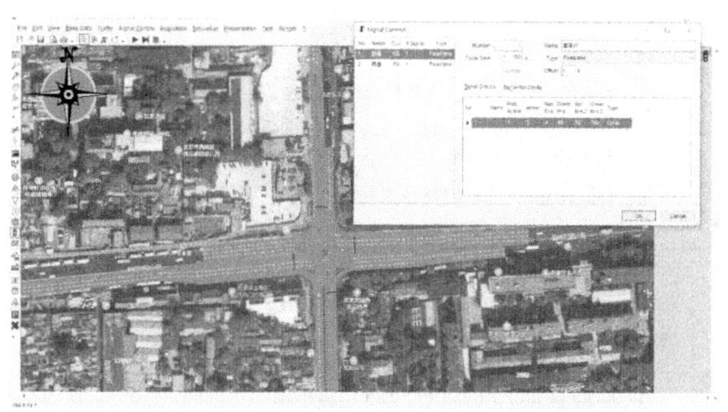

图 5-17　信号灯设置

图 5-18　仿真运行

图 5-19　三维效果展示

8. 仿真结果输出与分析

选择需要进行分析的交通参数，输出仿真结果，并对仿真结果进行比较分析，发现交叉口信号配时方案存在的问题，对配时方案进行进一步的优化调整，见表5-8。

表5-8 仿真结果

进口方向	西进口	东进口	南进口	北进口	总体
车辆总延误/h	7.2	7.9	5.3	4.8	25.3
车辆平均延误/s	78.5	67.6	59.8	69.5	68.8
车辆停车延误/h	6.7	7	4.8	4.5	23
车辆平均停车延误/s	72.5	60.2	53.8	65.6	62.7
车辆总停车次数/次	356	402	315	250	1323
车辆平均停车次数/次	1.07	0.96	0.98	1	1

5.2.2 顺义区白良路智能交通工程设计项目

项目位于北京市顺义区后沙峪镇，后沙峪地区（镇）隶属于北京市顺义区，位于北京市区东北部、顺义区的西南部，距京城19km，东临首都国际机场，西与昌平区、南与朝阳区交界。本次新建道路全长3.266km。按照城市次干路标准设计，道路红线为40m，设计时速为40km/h。

1. 项目设计内容

本次设计依据国家现行相关法律规范、国家标准和相关行业标准，在道路工程的基础上，结合项目实际情况，在道路沿线科学地设置道路智能化交通管理设施，实现日常道路交通管理、事故预防、综合布控的高效运行。

为了提升项目路段交通运行效果，防止道路发生机动车抢道、车辆闯红灯、违禁通行等违规违法行为，设置交通违法监测系统对路口进行实时监控。对沿线与等级道路相交的灯控交叉口均设置闯红灯拍照系统。

结合交叉口实际交通状况，闯红灯拍照设备、公路监控设备、测速监控设备、违章停车监控设备的设计点位及数量见表5-9。

表5-9 白良路监控设备的设计点位及数量

序号	设计点位	闯红灯拍照设备	测速监控设备	道路监控设备	违章停车监控设备
1	白良路与顺于路交叉口	1	1	1	0
2	白良路与残联南侧交叉口	1	0	0	0
3	白良路与安富街交叉口	2	0	0	1
4	白良路与安乐街交叉口	1	0	0	0

2. 项目设计成果

在本次设计文件中的设备点位、管井和管线数量及安装位置可以根据具体施工条件适当调整，在设计文档中所标注点位均为示意位置，如图5-20~图5-23所示。

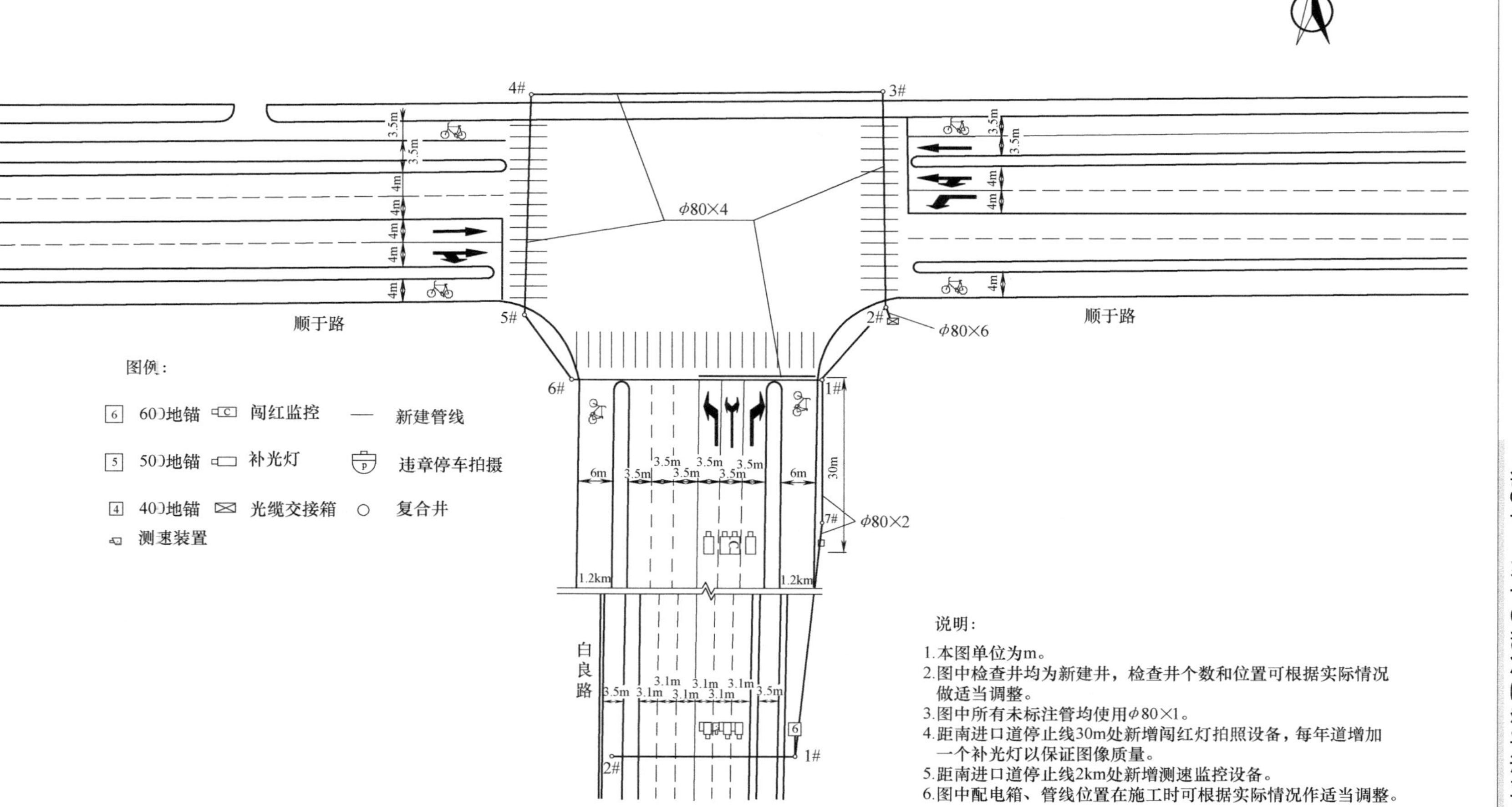

图 5-20　白良路与顺于路交叉口配套工程设计

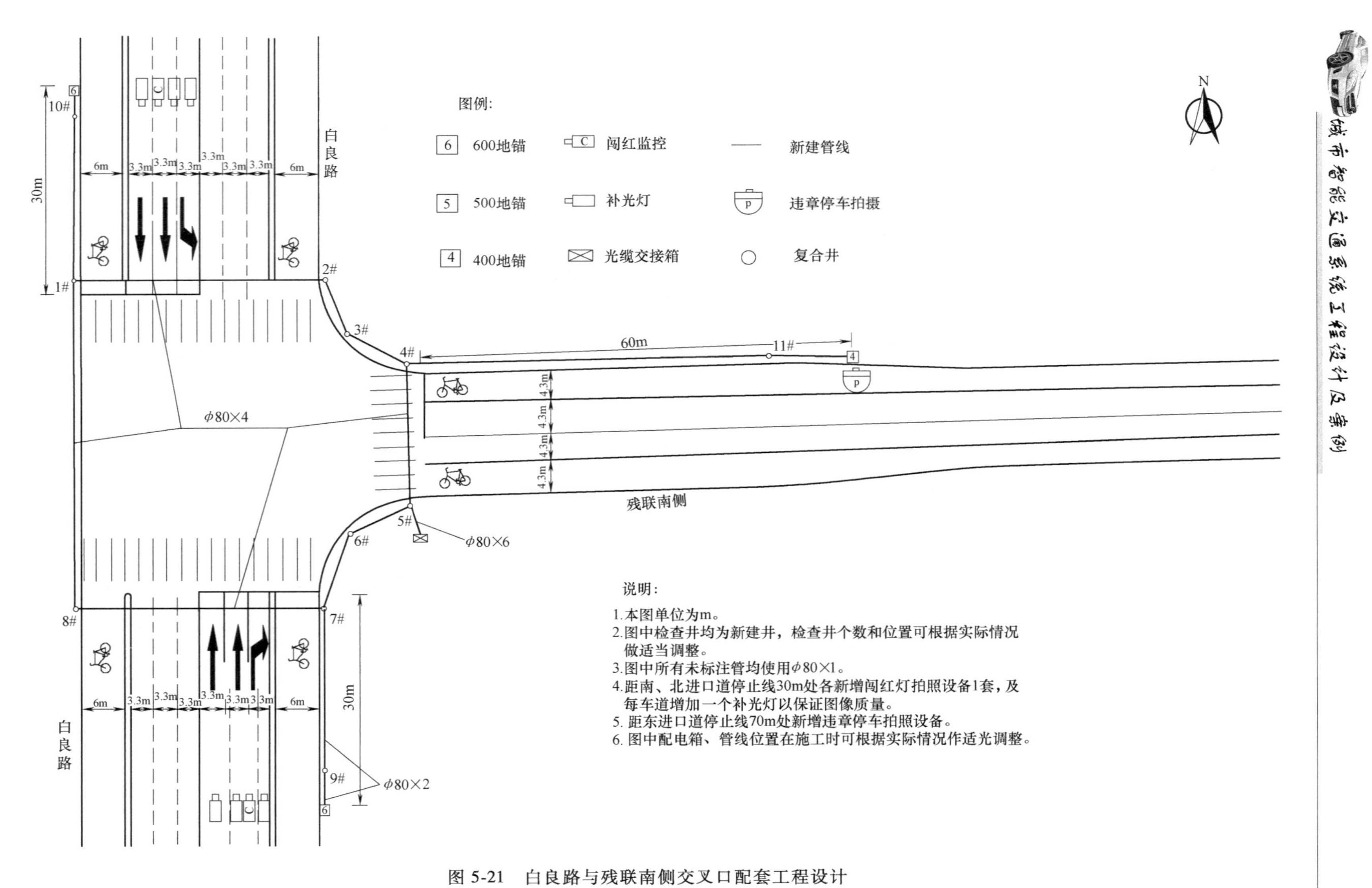

图 5-21　白良路与残联南侧交叉口配套工程设计

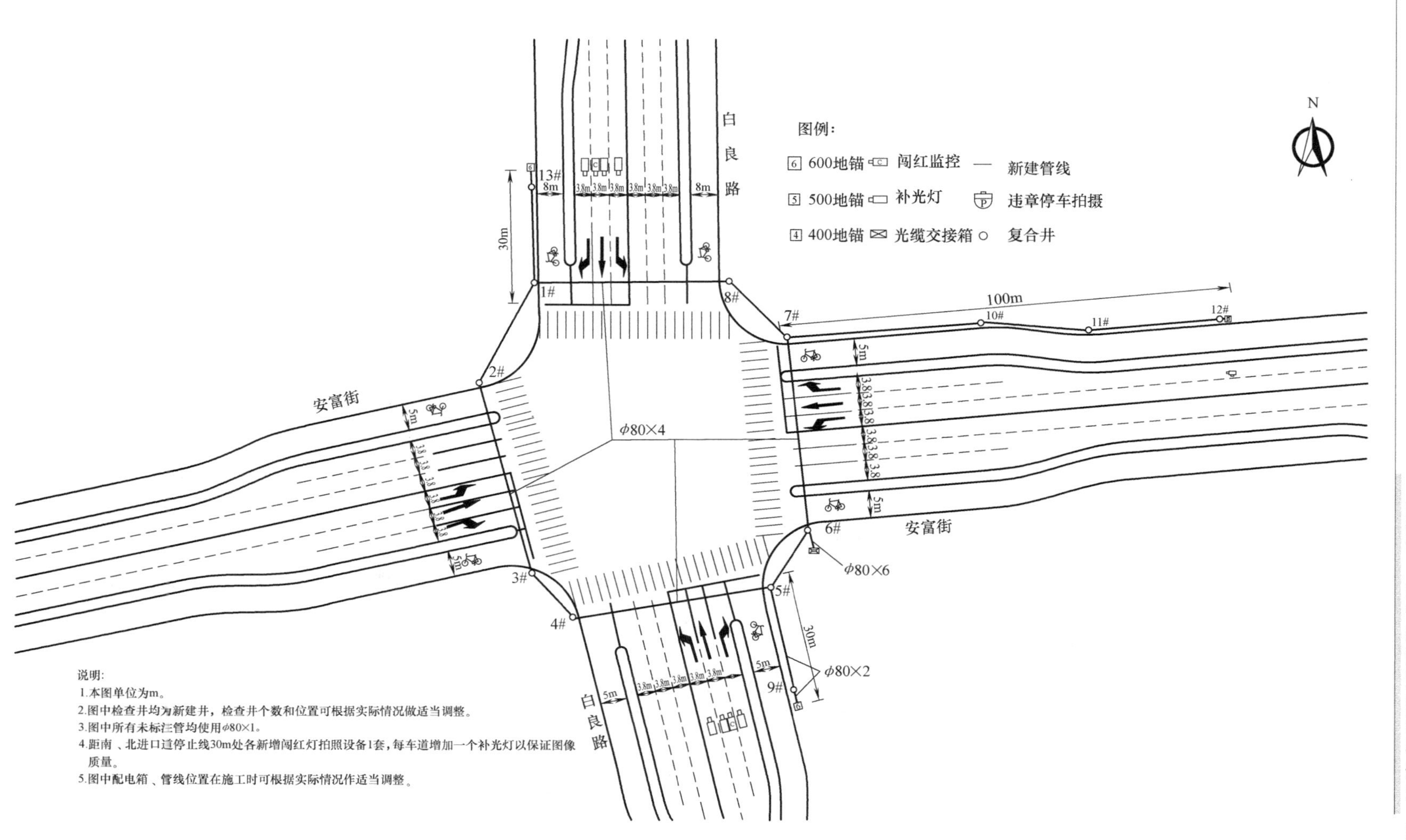

图 5-22　白良路与安富街交叉口配套工程设计

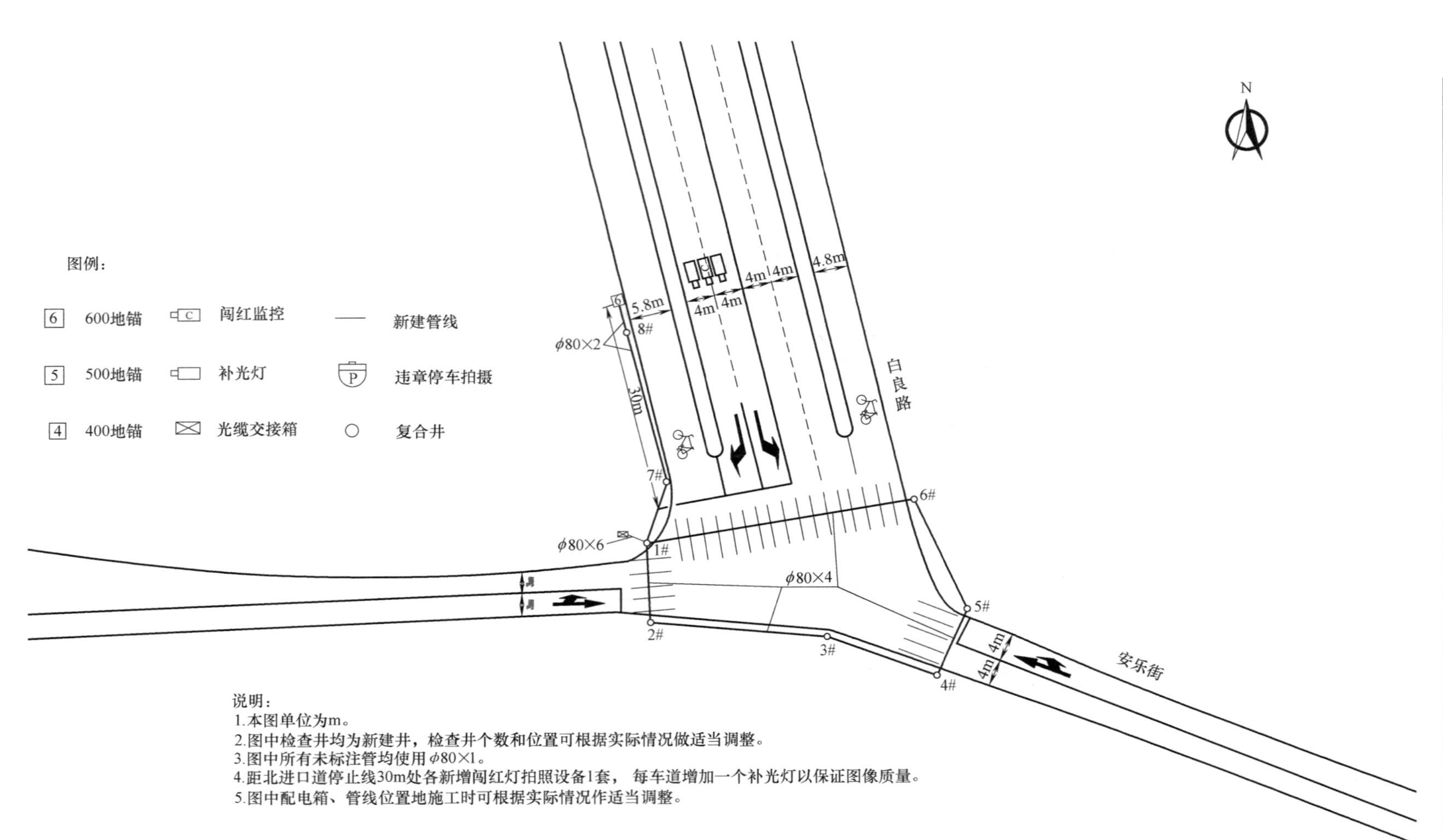

图 5-23　白良路与安乐街交叉口配套工程设计

5.3 平遥城区静态交通管理设计

5.3.1 项目背景

平遥县，位于山西省的中部、晋中地区的南部，毗邻太原盆地的南端，是西北重要的旅游资源之一。平遥东临祁县，西向汾阳，南连沁源，北接文水，占地面积约 2.25km²。平遥古城拥有两千七百多年的历史，是中国“保存最为完好的四大古城”之一，也是目前我国唯一以整座古城申报世界文化遗产获得成功的古县城。2015 年 7 月，平遥古城成为国家 5A 级旅游景点，也是晋中市唯一一个国家 5A 级景点。

平遥县城区向东直接与京津地区相连，有铁路干道连接华北、华东等经济发达地区。平遥县城周边 500km 内，有北京、天津、洛阳、西安、郑州、石家庄等大城市，形成了广阔的旅游客源市场。作为山西省主要的旅游资源，平遥古城吸引着大量的游客，对平遥、晋中乃至山西的经济发展有很大贡献。

在晋中市委市政府的高度重视及大力支持下，平遥县以平遥古城为产业中心重点发展旅游业，社会经济持续发展。伴随着平遥古城知名度的提高和旅游服务业的快速发展，吸引了大量海内外游客。同时，因旅游出行产生的交通量激增，对平遥县城区的道路系统造成了巨大的压力，节假日期间表现尤为突出。旅游巴士、自驾车辆的蜂拥而至造成平遥城区道路拥堵，交通秩序混乱，停车泊位缺口巨大，严重影响国家 5A 级旅游区的品牌形象。随着国家大众化旅游政策的强力推进，节假日期间平遥城区的交通系统将面临更大的挑战。

平遥县城出现的交通问题引起市政府主要领导的高度重视，要求市直有关单位和平遥县要高标准、高层次规划设计交通组织方案，优化交通诱导和分流措施，为广大游客创造更加优质的旅游环境。

5.3.2 停车设计

1. 停车现状

城区停车场包括公共停车场、配建停车场及规范化停车位。平遥城区目前三类停车场存在如下几方面问题。

（1）公共停车场问题

公共停车场规划不足，公共停车泊位总量缺口较大（见图 5-24）。目前，平遥古城周围共有 5 个公共停车场，能够提供停车泊位总数为 1913 个（见表 5-10）。

表 5-10 平遥古城周围主要停车场分布情况

停车场类型	停车场名称	地点	车位
公共停车场	游客中心停车场	康宁路	998
	又见平遥停车场	西护城路	185
	北关停车场	北关路西侧	610
	上西门停车场	西护城路	70
	下东门停车场	东护城路	50
总计：			1913

a) 双休日北关停车场情况

b) 双休日上西门停车场情况

c) 小长假游客中心停车场情况

d) 小长假期间游客中心停车场情况

e) 春节期间城南临时停车场设施欠缺

f) 春节期间城南临时停车场进出混乱

图 5-24　平遥古城景区公共停车场现状

① 停车场资源利用率低，均为平面单层停车，没有采取立体化停车方式设置，不能科学合理地利用停车空间。

② 停车场出入口未做到科学设计，仅有一个出入口或出入口相邻于同一条干道，易造成干道交通拥堵，如图 5-25 所示。

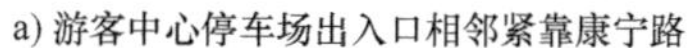

a) 游客中心停车场出入口相邻紧靠康宁路

b) 北关停车场出入口在同一地点

图 5-25　停车场出入口现状

(2) 配建停车场问题

平遥县城区配建停车场总数和配建泊位数不足，见表 5-11。配建停车场现状如图 5-26 所示。沿街大部分对外窗口单位及商业服务网点未按照需求配建停车场，大量机动车沿街占用道路停放，如图 5-27 所示。

表 5-11　平遥县城区主要停车场分布情况

停车场类型	停车场名称	地点	车位
配建停车场	一针厂停车场	古城东门	300
	粮食局停车场	顺城路 212 号	80
	汽车站站前小广场停车场	中都东街汽车站站前小广场	54
	政务大厅停车场	兴平路—柳根西街交叉口西北角	400
	峰岩建国宾馆停车场	曙光街 26 号	100
	北关小学操场停车场	北关路东侧	100
	曙光东街配建停车场	曙光东街—滨河西路交叉口西侧	100
总计：			1134

a) 政务大厅停车场

b) 一针厂停车场

图 5-26　平遥县城区配建停车场现状

c) 峰岩建国宾馆停车场

d) 汽车站站前小广场停车场

图 5-26 平遥县城区配建停车场现状（续）

a) 某单位门口车辆停放现状

b) 某医院非机动车停放混乱

图 5-27 配建停车场规划不到位

（3）规范化停车位问题

规范化停车位是指利用非机动车道和人行道有停车条件的统一施划的停车位。目前，平遥县城区仅曙光中街非机动车道上施划有部分停车位，其余大部分道路没有施划，但有群众私自在没有条件的人行道上施划了不规范的停车位，如图 5-28 所示。

a) 城居民私自施划不合理停车位

b) 有停车需求未施划规范化停车位

图 5-28 平遥县城规范化停车位现状

从以上情况看，公共停车场极限状态下最多停放4000辆车，配建停车场不足2000辆，路内停车不足500辆。另外，将不规范停车位一并统计，最多也只能提供6000~8000个停车位。目前的停车资源仅能满足双休日游客停车需求，与小长假平均2.6万~4万辆/日的机动车停车需求存在巨大的缺口。

（4）停车管理混乱问题

① 管理主体混乱。平遥县目前还没有一个统一的停车管理单位，没有统一规范的管理机制，古城周边的停车多以居民个人身份实施，私划停车位，指挥车辆随意停放，只管停而不顾及车辆进出。这是造成古城周边交通拥堵的一个重要原因。

② 停车收费混乱，未形成统一的收费机制和收费标准，群众自定收费标准，有的甚至敲诈旅客，常因费用问题引发纠纷，有损旅游城市形象。

2. 项目设计内容

（1）新建停车场方案

1）新建停车场布设方案

目前平遥县城区停车泊位数远远不能满足节假日期间的停车需求，迫切需要对原有停车场进行改建，并新建停车场。充分利用土地资源，多方式、多手段、多渠道增设停车泊位。根据实地调研，增加停车泊位的具体方案如下：

① 利用古城周边空地建设停车场，见表5-12。预计新建泊位数为980标准车。

表5-12　古城周边空地新建停车场选址及规模一览表

编号	名称或位置	新建泊位数(标准车)	备注
1	月牙湖南侧空地	80	
2	城南堡北侧空地	300	
3	城南堡滨河西路西侧空地	400	
4	北关大街—中都路交叉口东北角(汽车站西侧)空地	200	
总计：		980	—

部分选址现状如图5-29所示。

a) 月牙湖南侧空地

b) 城南堡北侧空地

图5-29　古城周边新建停车场选址现状

c) 城南堡滨河西路西侧空地

d) 汽车站西侧空地

图 5-29　古城周边新建停车场选址现状（续）

未来也可考虑建设多功能停车场，实现购物、停车等功能一体化。

利用城南游客中心停车场空地资源新建多层停车场，层内放置多层机械式停车泊位，在不影响古城周边景观的前提下，增加停车场泊位，见表 5-13，预计可增加停车泊位数约 460 标准车。

表 5-13　城南游客中心空地新建停车场选址及规模一览表

编号	名称或位置(编号)	新建泊位数(标准车)	备注
1	游客中心停车场东南角空地	80	立体停车场(3 层)
2	游客中心停车场游客接待中心东侧空地 1	150	立体停车场(3 层)
3	游客中心停车场游客接待中心东侧空地 2	150	立体停车场(3 层)
4	游客中心停车场东北角空地	80	立体停车场(3 层)
总计：		460	—

② 部分新建改建停车场选址现状如图 5-30 所示。

a) 游客中心停车场东南角空地

b) 游客中心接待中心东侧空地1

图 5-30　城南游客中心周边新建停车场选址现状

c) 游客中心接待中心东侧空地2

d) 游客中心停车场东北角空地

图 5-30　城南游客中心周边新建停车场选址现状（续）

室内机械式停车泊位、综合停车楼示意图如图 5-31 所示。

a) 室内双层机械停车泊位

b) 综合停车楼效果图

c) 室内多层机械停车泊位

图 5-31　停车楼设计方式

③ 利用高速引道两侧绿化带和空地修建古城旅游停车服务区。两侧绿化带内分别设置绿茵停车带。在绿茵停车带西侧空地修建大巴、中巴专用停车场（见图 5-33），可提供大巴、中巴停车泊位约 3000 个；在绿茵停车带的东侧空地修建大型停车场（见图 5-32），若

建成立体式机械停车场，可提供小汽车停车泊位约 10000 个。

图 5-32　大型多层停车场示意图

图 5-33　大巴中巴绿化带停车示意图

改建新建后，停车场可新增总的停车泊位约 11440 标准车，改建新建停车场位置示意图如图 5-34 所示，图上编号对应的停车场见表 5-14。

表 5-14　图 5-20 所示改建新建停车场编号及停车场名称

编号	停车场名称	编号	停车场名称
1	服务区南门停车场	8	城南堡滨河西路西侧空地
2	下东关停车场	9	北关大街—中都路交叉口东北角(汽车站西侧)空地
3	下西关停车场	10	高速引道旅游服务区
4	北关停车场	11	游客中心停车场东南角空地
5	上西门(永定门)停车场	12	游客中心停车场游客接待中心东侧空地 1
6	月牙湖南侧空地	13	游客中心停车场游客接待中心东侧空地 2
7	城南堡北侧空地	14	游客中心停车场东北角空地

2）加强城区配建停车场建设

要求政府有关单位、对外窗口单位及商业服务部门挖掘本单位内部停车资源，建立满足本单位及外来办事车辆停车需求的停车场位，禁止占用相邻道路违法停放车辆。例如平遥县某法院，要尽快改造其门前场地布局，建设配建停车场。

3）加强城区规范化停车位建设

对城区道路有条件施划停车位的要统一规范施划停车位。非机动车道宽度在 5m 以上的可在右侧施划规范化停车位；已确定节假日实施单行和临时停车的道路，在道路右侧起点处设置单侧单向临时停车标志；在保证行人（及盲人）通行安全和畅通的情况下，人行道上可施划规范化停车位。未施划规范化停车位的路段禁止车辆停放。

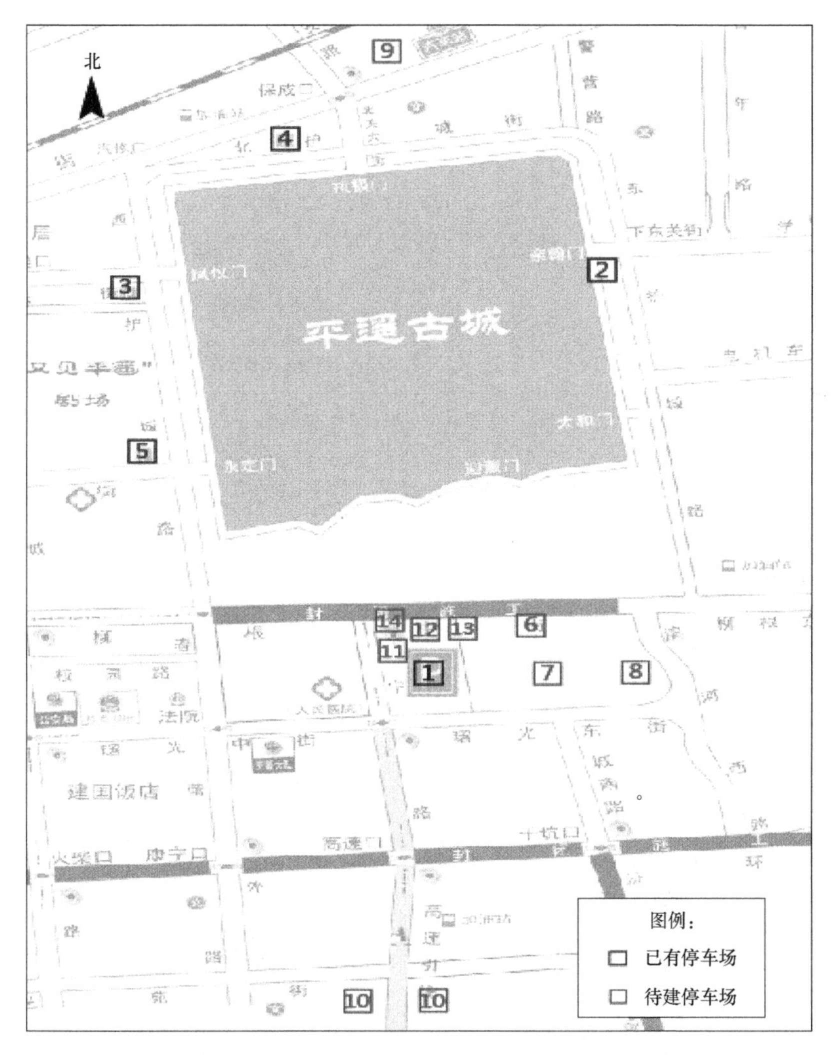

图 5-34　改建新建停车场示意图

（2）节假日临时停车方案

① 城西曙光西街及其西延伸段、兴平路，城东中都东街、东外环、双林大道全段、双林路、文景大道、城南艺苑街、顺城南路设置旅游车辆临时停靠区，节假日期间允许双向各占用外侧一条车道临时停车；东护城路、春蕾路北段允许单行线行驶方向路侧临时停车。其中，中都东街汽车站以东道路两侧为旅游大巴专用停车泊位。节假日路侧临时停车设置示意图如图 5-35 所示，指示牌设置如图 5-36 所示。

节假日路侧临时停车泊位见表 5-15。

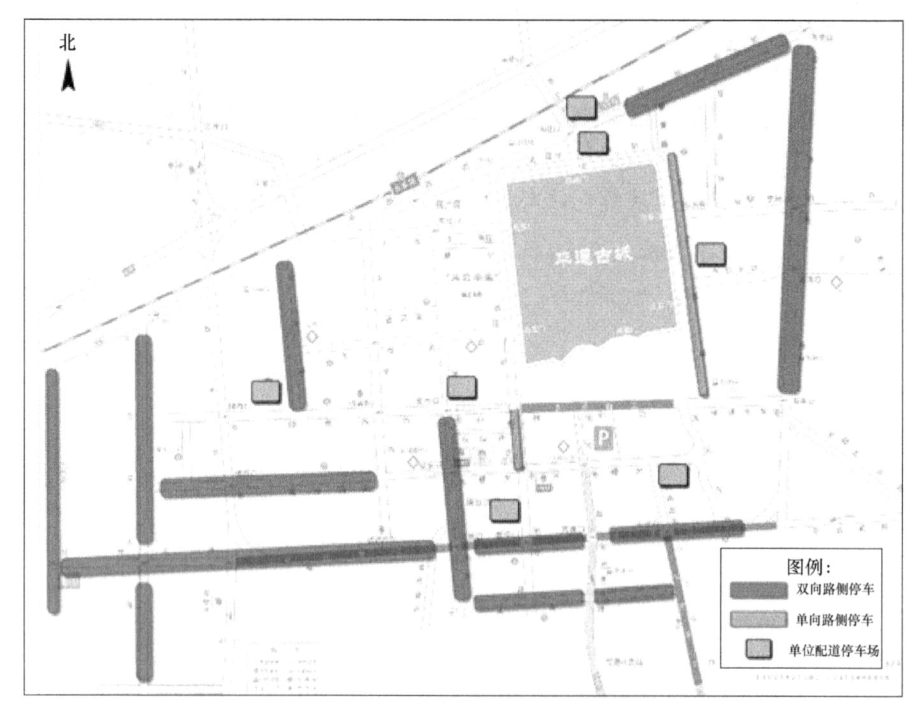

图 5-35　节假日路侧临时停车示意图

图 5-36　节假日路侧临时停车指示牌示意图

表 5-15　节假日路侧临时停车泊位一览表

位置	长度/m	临时泊位数	备注
城南艺苑街	640	160	双侧
顺城南路	1250	312	双侧
曙光西街及西延伸段	1800	450	双侧
兴平路	650	162	双侧
东外环	2580	644	双侧

（续）

位置	长度/m	临时泊位数	备注
双林大道	5300	1324	双侧
双林寺路	1100	274	双侧
文景大道	3300	824	双侧
东护城路	1800	225	东侧
春蕾路	450	56	西侧
中都东街	1200	200	双侧(大巴专用)
总计:		4631	

② 在上述停车资源还不能解决全部车辆停放时，节假日期间利用古城南迎熏公园实施绿茵停车，可提供停车泊位约600标准车。该绿茵停车场示意图如图5-37所示。

图5-37　迎熏公园绿茵停车场示意图

平遥古城改建新建后，停车场可提供总停车泊位约11440标准车；节假日期间古城周边路侧停车及迎熏公园绿茵停车总计可提供临时停车泊位约5231标准车。因此，平遥古城节假日期间停车场及临时停车区可以提供的总停车泊位数约为16671标准车。

（3）停车收费措施

① 建立健全统一的停车收费管理机制，统一收费标准，规范停车收费市场。

② 对公共停车资源（包括路内临时停车区）采取市场化运行管理模式，政府先行拍卖，选择专业的停车管理公司实施管理。

③ 制定差别化停车收费标准。采取中心城区高于外围区域、路内高于路外的收费原则，按停车时间长短收取停车费用。

（4）其他停车管理手段

① 规范管理路侧临时停车。允许停车路段规范施划路侧停车位；允许单侧停车路段应明确指示停车方向，并严禁对向行驶车辆逆向停车；允许双侧停车路段应明确指示两侧停车方向，避免逆向停车；部分道路条件不良而车流量大的路段应加强监测管理力度，设立禁停标志，严禁临时停车。

② 平遥县对外服务单位、商业单位，要加大力度解决配建停车场问题，减少路内停车压力。

③ 鼓励单位配建停车场及个人停车泊位在节假日期间时游客开放，充分调动配建停车场停放旅游车辆，如峰岩建国宾馆广场（100车位）、政务大厅停车场（400车位）等节假

日期间可供开放使用的单位配建停车场。

5.3.3 诱导设计

1. 驶往古城交通流引导方案

根据近几年交通调查数据显示，驶入古城车流主要来自三个方向的道路：南面的 G5，东面的 G108 和 S221，西面的 G108 和 S222。古城周边配建停车场及临时停车区域按位置分布可划分为 8 大片区，片区具体信息见表 5-16 所示，片区划分如图 5-38 所示。

表 5-16 平遥古城停车片区具体信息

停车片区名	片区围合道路	片区配建停车场	有条件新增停车场或临时路内停车泊位
城北片区	中都东街-东外环(不含)-北护城路(不含)	北关停车场	中都街(东段)两侧
城南片区	南城墙-滨河西路(不含)-双林大道(不含)-春蕾路(不含)	南门停车场	月牙湖南侧空地 城南堡北侧空地 城南堡滨河西路西侧
城东片区	东护城路	下东关停车场	东护城路东侧
东外环片区	东外环		东外环两侧
城西片区	下西关街(不含)-西护城路(永定门以北不含)-柳根街(不含)-顺城路(不含)	上西门停车场 下西关停车场	
城西北部片区	下西关街(不含)-顺城路(不含)-上西关街(不含)-兴平路		兴平路两侧(北段)
城西南部片区	上西关街(不含)-顺城路(不含)-柳根街(不含)-春蕾路-艺苑街-西外环(不含)		春蕾路西侧 兴平路两侧(南段) 城南艺苑街两侧 曙光西街及西延伸段
西外环片区	西外环-晋中南站-双林寺路-中都街(不含)		双林大道两侧 双林寺路两侧 文景大道两侧

对从三个方向来的车辆分别进行定向分流，引导其驶入相应的停车片区，下面介绍具体方法。

（1）南面 G5 驶入古城的机动车分流方案（见图 5-38）

① 一级分流。车辆到达艺苑街-高速引道路口时向东分流，经艺苑街、城南路、曙光东街、滨河西路、东护城路，进入城东停车片区下东关停车场，游客由东门进入。

② 二级分流。当东门停车场停车数量接近饱和（≥85%）时，引导车辆从艺苑街-高速引道路口向西分流，经艺苑街、顺城南路、曙光西街、永安街、柳根西街，进入城西南部停车片区，游客由西门进入古城。

（2）东侧 G108 和 S221 驶入古城的机动车分流方案（见图 5-38）

① 一级分流。从东外环五里口向西进入中都街，经由北关大街驶入城北停车片区。

② 二级分流。当北门停车场停车泊位接近饱和时，引导车流驶入东外环停车片区，沿东外环（学府街-柳根东街）西侧单向停车。

（3）西侧 G108 和 S222 驶入古城的机动车分流方案（见图 5-38）

① 一级分流。经中都西路向东驶入西护城路，进入城西片区上下西关停车场及城西北部片区停车场。

② 二级分流。当城西两片区停车场停车泊位不足时，引导车流沿西外环，进入西外环片区停车场。

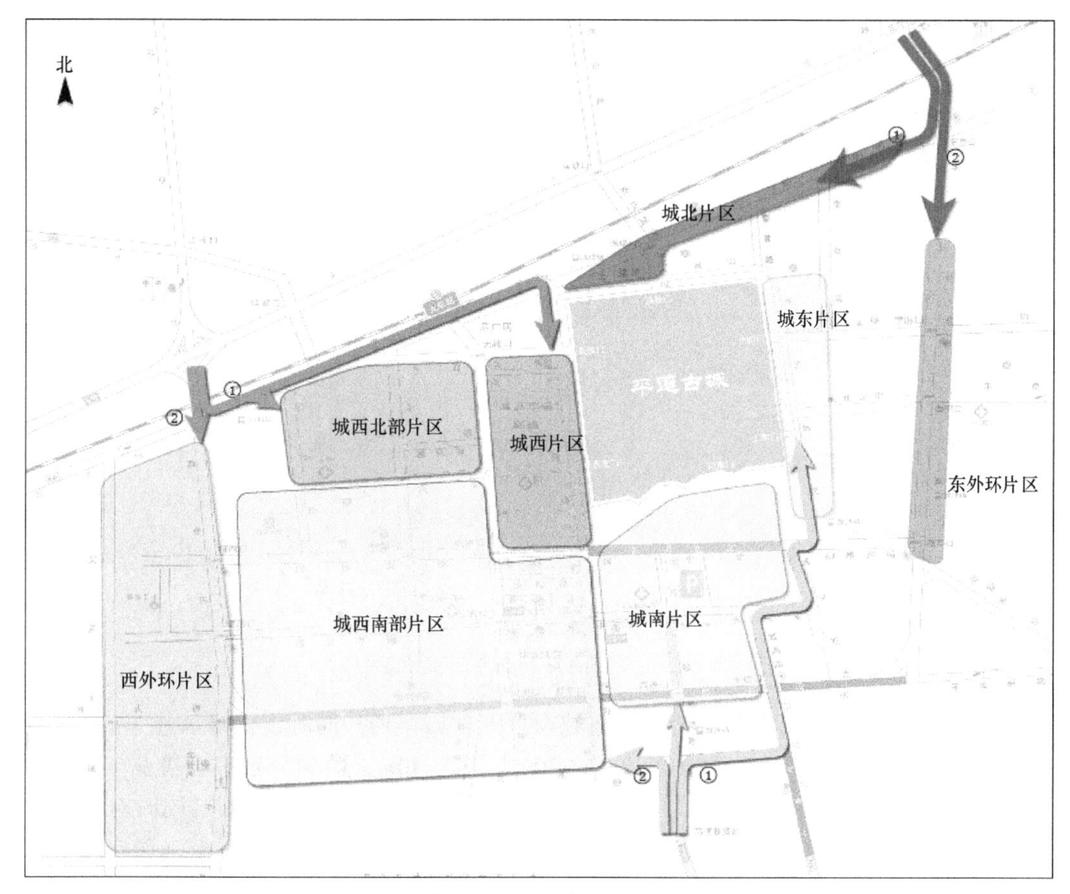

图 5-38　古城片区汇入交通流引导示意图

2. 驶离古城交通流引导方案

由各大停车片区驶出的机动车依照就近原则向外环路引流，避免机动车向中心区行驶，造成中心区道路拥堵。具体方法如下：

① 从城北片区驶出的车辆，在中都街-北关大街路口，引导其沿泰安路向北疏散。

② 从城西片区停车场驶出的车辆，经下西关街前往北外环驶离古城；从城西北部片区驶出车辆，经上西关街前往外环路驶离古城。

③ 城西南部片区驶出车辆，引导其沿西外环驶离古城。

④ 城东片区驶出的车辆，经由下东关街向东外环、警营路向中都东街输送。

⑤ 东外环片区车辆按其原来行驶方向沿东外环驶离古城。

⑥ 针对城南停车场机动车进出流量大，影响康宁路正常交通的问题，城南片区驶出的车辆，引导其沿柳根中街向东、沿滨河西路向南疏散至外环路；其余车辆由康宁路驶出至外环。

驶离古城交通流疏散示意图如图 5-39 所示。

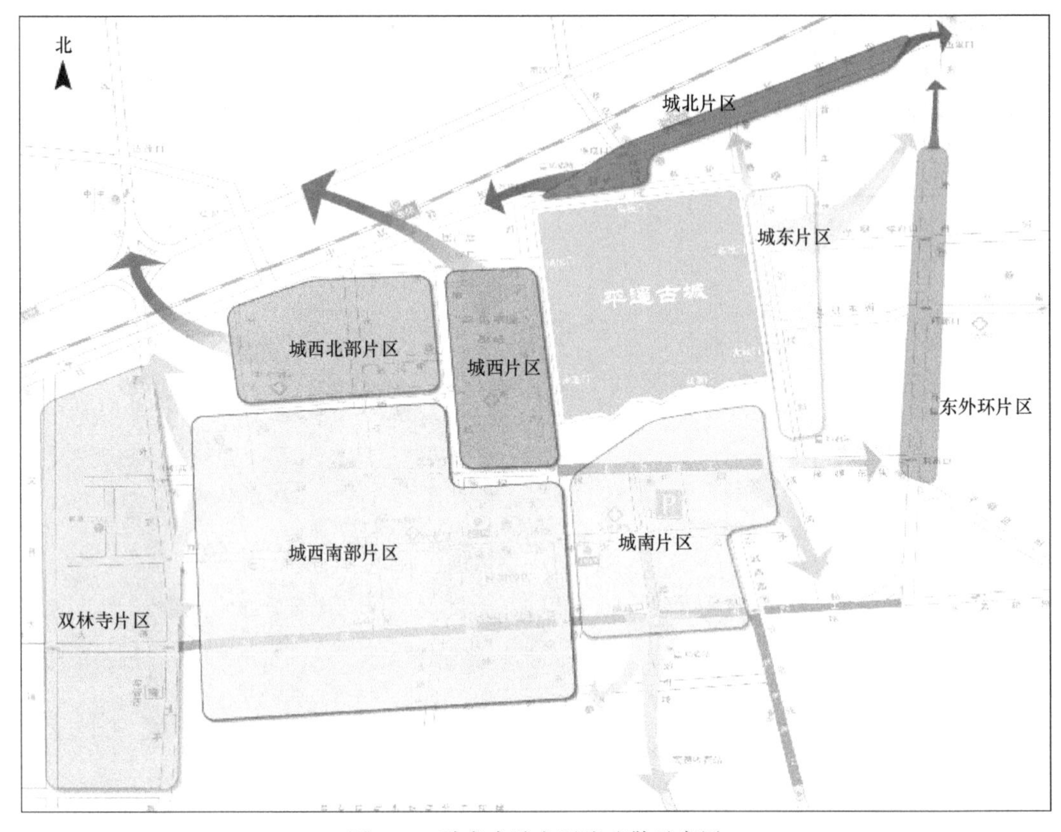

图 5-39　驶离古城交通流疏散示意图

⑦ 对柳根中街进行相应改造，以疏散城南片区驶出车辆，同时提供绿茵停车。

柳根中街（康宁路-滨河西路段）长为 370m、宽为 40m，两侧分别有宽度为 6m 的非机动车道，节假日期间划出 3m 作为临时机动车道，服务进出停车带的车辆，同时对康宁路上的车流进行疏散；中间 28m 绿茵带两侧各设置 5m 的斜式停车场。柳根中街（康宁路—滨河西路）改造设计示意和车辆行驶引导路线如图 5-40 所示。

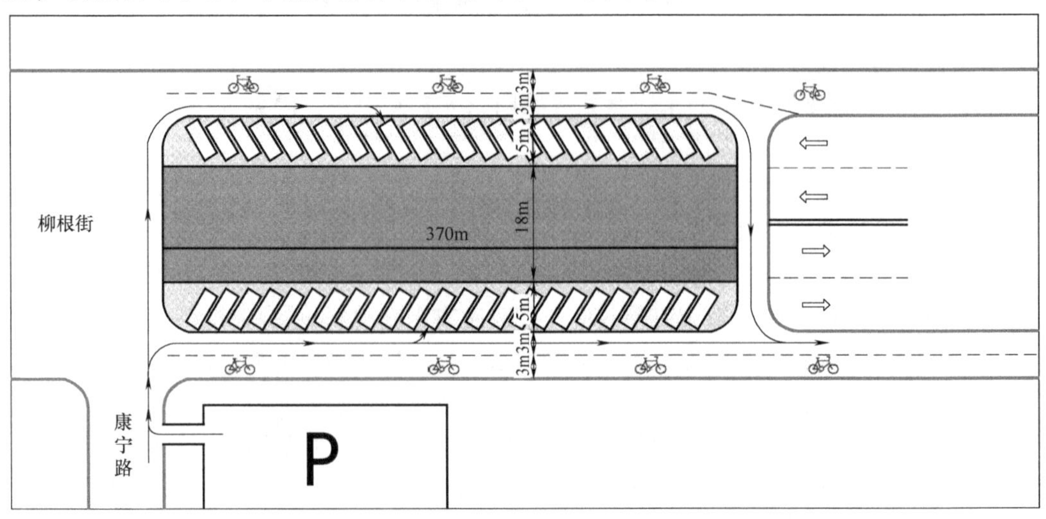

图 5-40　柳根中街（康宁路—滨河西路）改造设计示意和车辆行驶引导路线

5.3.4　交通管理基础设施设计

根据平遥县城的现状及前述渠化、展宽、节假日交通流引导、单向交通组织等方案，建议对以下的标志标线进行排查整改。

（1）交通标志布设方案

1）指路、指示和旅游标志一体化设置方案

在城区主要道路的交叉口设置指路、指示和旅游标志，与交通分流措施及交通诱导措施配套，形成清晰、连续的城区道路信息和古城驶入路线信息网。

以艺苑街-高速引线十字口为例，其指路标志设计方案如图 5-41 所示。

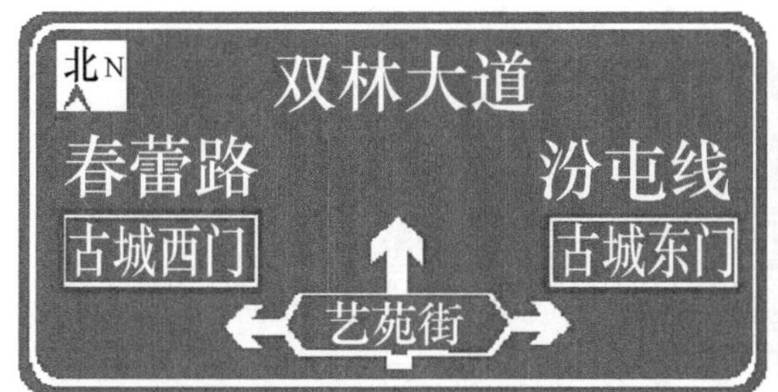

南进口

北进口

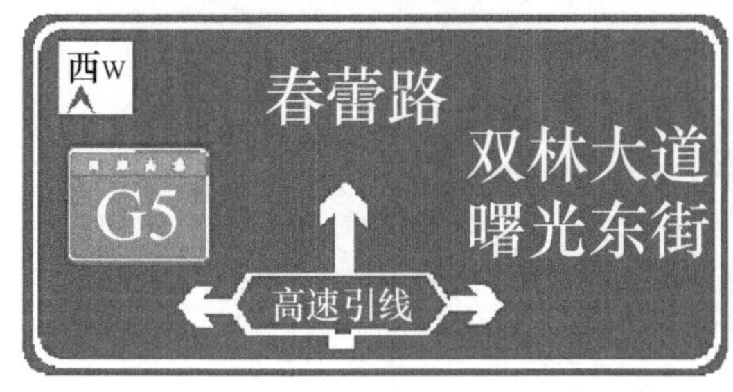

东进口

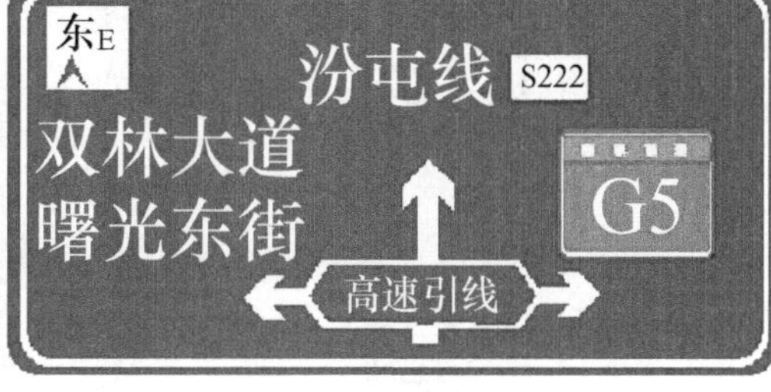

西进口

图 5-41　艺苑街-高速引线十字口指路标志设计方案

指路标志规格为 400cm×200cm，分道标志规格为 400cm×150cm。分道标志一般设置在进口道导向标线上游 20~30m 处，应保证车辆进入导向车道前能清楚识别。指路标志应设置在分道标志上游 40~50m 的位置，保证驾驶人有足够的反应时间。

上述指路标志包含了 44 个交叉口的所有指路标志，对部分路口已经采购确定的应在本方案中减除；对已设置但安装位置和牌面内容与本方案不符的，应按本方案设计进行调整。

2）禁令标志布设方案

参照 GB 5768.3—2009《道路交通标志和标线　第 3 部分：道路交通标线》、GB 51038—2015《城市道路交通标志和标线设置规范》等，对相应路段应布设的禁止停车标志、禁止鸣笛标志、限制速度标志、停车让行标志。

根据平遥县城区内部限速数值，建议圆形标志直径取 80cm，采用附着式支撑方式，可与交通信号灯的支撑结构一并设计，或将标志附着安装在交通信号灯的支撑结构上。交通标志最宽处距车行道或人行道的外侧边缘或土路肩不应小于 25cm，标志板下缘距路面的高度一般为 150~250cm。

（2）交通标线施划方案

根据前述改造方案，对改造后的路口、路段重新施划标线，同时排查平遥县城区内道路标线现状，将城区内全部标线重新施划；可采用冷漆划线（一年两次）或双组份标线漆（一年一次）定期施划，保证标线全年清晰。经平遥县交警大队测算施划面积为42870m²。

（3）中都街-北关大街路口标志标线布设案例

为提高平遥县城区道路交通建设精细化水平，需要全方位地对城内存在的交通混乱、交通标志缺失、标志标线不合理等现象进行整改。以中都街-北关大街路口为案例，给出具体布设方案，为标志标线的建设实施提供设计标准。

中都街-北关大街路口交通流量大，交通组织混乱，迫切需要渠化改造，图5-42给出了渠化标志标线布设方案。

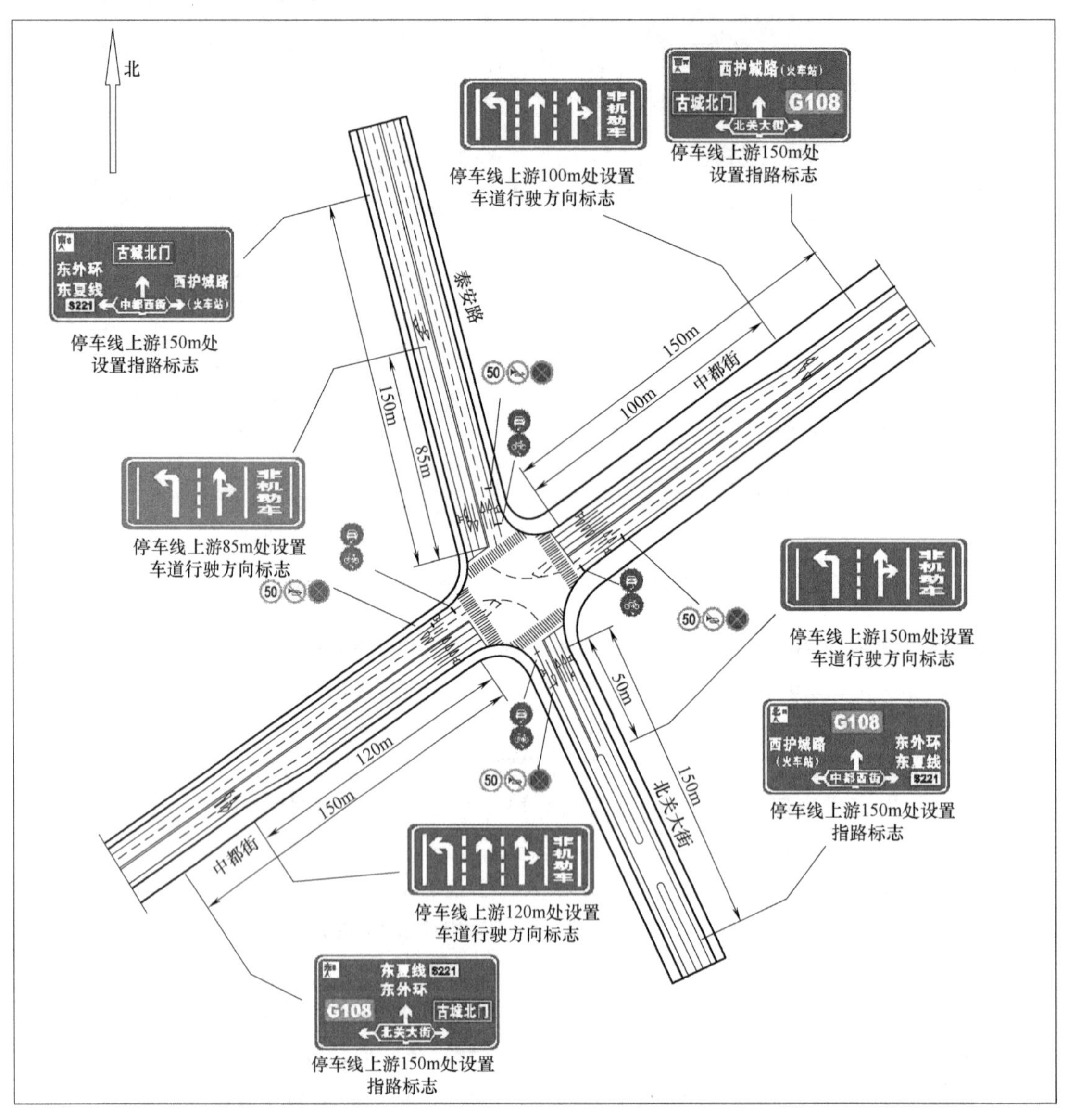

图5-42　中都街-北关大街渠化标志标线方案

5.4　华侨城南京欢乐海岸交通影响评价项目

5.4.1　项目背景

华侨城南京欢乐海岸项目位于河西南部鱼背地块（以下简称为基地），南起扬子江大道快速路、北至夹江防洪大堤、东至平良大街北向延长线、西至天保街北向延长线。项目占地面积约 36.3×10^4 m^2，按照用地性质可分为 9 个地块，以商业、办公和居住用地为主。项目定位为打造集休闲娱乐、科技体验、文化演艺、休闲购物、主题游乐及高端住宅配套为一体的大型综合体，建成后将成为南京又一处繁华的旅游目的地。

考虑到区位敏感，且开发体量较大，建成投入使用后将增加一定量的人、车交通流和停车需求，这些交通流将对周边道路尤其是扬子江大道快速路的交通运行会产生一定影响，因此需要对基地建设进行交通影响评估，重点进行基地出入口及外部道路交通组织分析与评估，并提出优化建议。

5.4.2　交通影响评价内容

1. 非机动车交通影响评价

根据非机动车吸发量预测，地块晚高峰时段非机动车的吸引量约为 2626 辆/h，发生量约为 2878 辆/h，吸发总量约为 5504 辆/h。

现状是扬子江大道两侧无非机动车道，影响基地周边非机动车交通组织。

非机动车交通主要为与扬子江大道对面联系，但仍需考虑部分沿扬子江大道的需求，完善道路断面，增加非机动车道和人行道，建议非机动车道宽为 2.5~3.5m，人行道宽为 3m 以上，条件困难时可人非共用。

2. 机动车交通影响评价

根据基地吸发车流量预测结果，高峰时段机动车吸发总量约为 5770 辆/h，其中吸引交通量约为 3003 辆/h，发生交通量约为 2767 辆/h。

表 5-17　晚高峰时段周边道路服务水平变化

路段/交叉口名称	现状服务水平	背景交通量	叠加交通量
扬子江大道(平良大街—龙王大街段)	A	东→西　C 西→东　D	东→西　D 西→东　D
扬子江大道(龙王大街—天保街段)	A	东→西　A 西→东　D	东→西　C 西→东　D
基地内部东西向道路	A	A	D
扬子江大道—平良大街交叉口	A	北进口　A 南出口　C	北进口　F 南出口　D
扬子江大道—吴侯街交叉口	A	北进口　A 南出口　B	北进口　F 南出口　D
扬子江大道—龙王大街交叉口	A	南出口　C	北进口　B 南出口　C

（续）

路段/交叉口名称	现状服务水平	背景交通量	叠加交通量
扬子江大道—天保街交叉口	A	北进口 A 北出口 A	北进口 D 北出口 D
扬子江大道—保双街交叉口	A	东进口 A 东出口 D	东进口 D 东出口 D

注：服务水平分为A~F级，A级为自由流，F级为饱和流。

分析（见表5-17）如下：

① 基地建成使用后产生的交通量对扬子江大道路段交通产生较大影响，扬子江大道自东向西行驶车流由A、C级服务水平下降为C、D级，交通影响显著。

② 基地内道路主要为基地服务，地块建成前，道路交通量较小，基本无车通行；地块建成后，服务水平由A级降为D级。

③ 扬子江大道与平良大街、吴侯街交叉口是基地车辆进出的主要开口，晚高峰时段，北口饱和度均大于1，F级服务水平，处于饱和状态，发生交通拥堵。

④ 扬子江大道与天保街路口进出车道饱和度由A级降为D级。天保街为右进右出，将在下一个路口（即保双街路口），产生大量左转掉头交通量，导致保双街东口左转车道服务水平由A级降为D级。

通过以上分析可以看出，基地建成后对道路交通产生较大影响。扬子江大道作为快速路，路段D级服务水平在可接受范围；扬子江大道沿线交叉口服务水平均显著降低，平良大街和吴侯街路口为基地与外部联系的主要进出口，高峰时段北口处于饱和状态，出现交通拥堵，但拥堵产生在地块内部，对外部快速路交通影响较小；扬子江大道与保双街路口，由于天保街路口右进右出，经该口驶出的车辆大部分需要在保双街路口左转掉头，造成东口左转车道饱和度较高，对快速路辅道交通影响较大。

基地商业和文旅业态设施客流尖峰时刻将出现在节假日高峰时段（见图5-43），经客流预测可知，节假日高峰时段C~E地块商业类设施机动车吸引量为2400辆/h，发生量为2138辆/h，吸发总量为4538辆/h，约是平日高峰机动车吸发量的1.3~1.5倍。基地C~E地块主要进出口为平良大街与吴侯街两个交叉口，节假日两处开口的北口将处于过饱和状态，出现较为严重的交通拥堵，需要安排专门人员及通过信息诱导等方式进行内外部交通疏导：一方面保证驶入车辆快速入库；另一方面确保驶出车辆快速疏散。

3. 公共交通影响评价

现状基地周边500m范围内仅有一条假日旅游观光线（G3线）。根据交通量预测，目标年基地高峰小时新生成常规公交出行约为5539人次/h。目前的公交运力及配套设施明显不能满足基地使用需求，需要增加公交运力供应，并结合基地周边道路增设公交站点，重点加强与周边地区的公交线路布局，方便公交乘坐。同时，扬子江大道目前无人行道，公交乘客与站点间的步行需求难以保障。规划地铁9号线沿扬子江大道布置，基地周边设置了3处站点，对基地公交客流集散意义重大。

4. 基地出入口评价

基地出入口布局如图5-44所示。

（1）机动车出入口数量及布局

图 5-43 年高峰时段道路交通量预测

根据基地总平设计，A~E 地块业态性质主要为商业、办公，可作为整体考虑；G~I 地块以住宅为主，与商办地块相对独立。

A~E 地块设置地面机动车出入口（含地库坡道）9 处。其中，A 地块 4 处，C~E 地块 5 处。除地面出入口外，地块主要出入口分布于北侧下沉道路，下沉道路分别与 B1、B2 层地库直接连接，沿线设置多个机动车开口；G~I 地块设机动车出入口 3 处（均直接下地库），G、H 住宅区地库开口 2 处。

从数量上，A~E 地块可以满足车辆进出需求；G、H 住宅区停车位大于 1000 个，应设不少于 3 个进出口，车道数量不少于 3 条，目前方案的车库开口 2 个、进出车道 4 条。考虑到地下车库与西侧地块车库连通，特殊情况下，住宅区车辆也可通过西侧机动车开口疏散，所以可认为满足车辆进出需求。

从布局上看，由于南侧为扬子江大道快速路，不允许地块直接开口，基地内仅吴侯街与平良大街两处开口能直接与对外各个方向联系，不利于基地交通组织。出入口集中在天保街北延线、吴侯街北延线等内部道路上，且较为集中，组织流线相对复杂。部分地库出入口设于北侧地下道路内，需要做好必要的指示标志，提高可靠性和安全性。

（2）慢行出入口

基地设置有多个慢行出入口，开设方向考虑了地块的各个沿街界面方向。

① 办公区（A 地块）。3 处开口，与机动车共用出入口。

② 商业区（C~E 地块）。⑫号为基地慢行主出入口，⑤号和⑪号为慢行次要出入口，与机动车共用开口。

③ 住宅区（G~I 地块）。⑬、⑯、⑱号是慢行专用开口。其中，⑬号面向商业区界面、

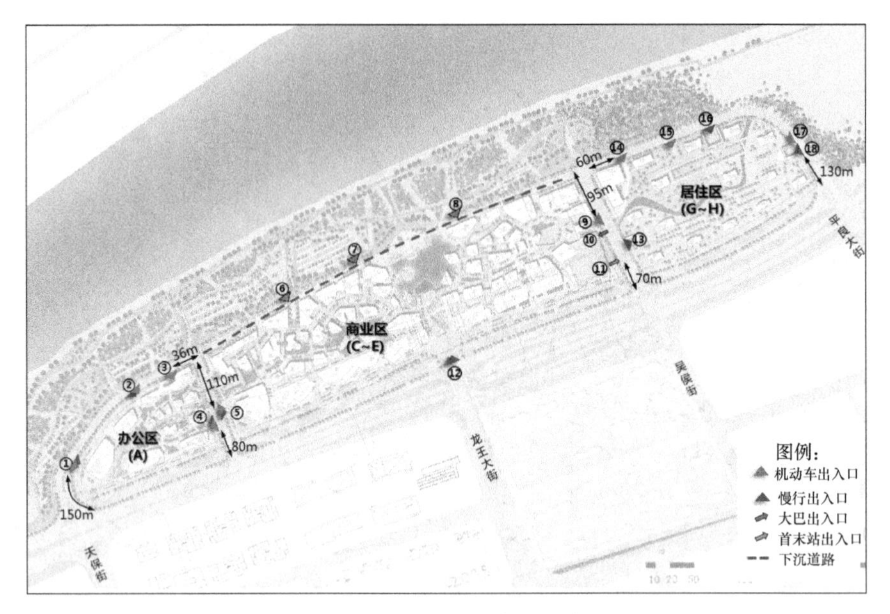

图 5-44 基地出入口布局示意图

⑯号面向滨江景观带界面。

5. 基地停车设施影响评价

(1) 机动车停车设施评价

目前基地共配建机动车停车位 9862 个。其中，B1 层停车位 3250 个，B2 层停车位 6612 个。数量满足配建要求（9224 个）和停车需求（8641 个），且有较大富余。B1 层停车场设装卸车位 56 个，满足配建要求（配建要求 50 个装卸车位）。基地地下停车场实现互联互通，有利于车位共享。同时，初步对地下车位进行功能分区，各业态的停车位数量与需求基本相匹配，便于就近停车和停车诱导。

但考虑基地区位敏感，周边道路交通压力较大，原则上不鼓励建设过多的停车位，为小汽车出行提供方便。建议可适当提高停车场收费，通过价格调控引导访客改变出行方式，减少小汽车的使用。

1) 地面停车

机动车地面停车位主要是出租车等临停车位及旅游大巴停车位。根据停车需求做如下预测：

① A~E 地块需出租车停车位 35 个左右，根据总平方案设计，结合建筑共设置地面临时停车位 43 个，满足停车需求。

② G~I 地块，居住区和幼儿园需出租车临时停车位 3、4 个，建议可结合道路设置路侧式停车位。

③ 大巴停车位，地块内共有两处大巴车停车点：一处位于 C 地块内酒店门前，设 3 个停车位，主要为酒店大巴停车需求服务，满足酒店停车需求；另外一处位于 E 地块，结合公交首末站，设置 10 个大巴停车位的大巴停车场，基本满足大巴车停车需要。考虑节假日旅游大巴停车需求，建议做好基地与鱼嘴湿地公园的大巴接驳线交通组织，通过公园大巴停车场解决地块大巴停车位不足问题。

2）地下停车

① 地下车库出入口评价。评价依据参考 JGJ 100—2015《车库建筑设计规范》：501～1000 个停车位的机动车库，车辆出入口不应少于 2 个，出入口车道数量不少于 4 条；各汽车出入口之间的净距应大于 15m。出入口的宽度，双向行驶时不应小于 7m，单向行驶时不应小于 4m。

机动车库出入口和车道数量见表 5-18。

表 5-18 机动车库出入口和车道数量

出入口和车道数量	特大型	大型		中型		小型	
	>1000	501～1000	301～500	101～300	51～100	25～50	<25
机动车出入口数量	≥3	≥2		≥2	≥1	≥1	
非居住建筑出入口车道数量	≥5	≥4	≥3	≥2		≥2	≥1
居住建筑出入口车道数量	≥3	≥2	≥2	≥2		≥2	≥1

②总体评价。经检查，各地块均满足 JGJ 100—2015《车库建筑设计规范》中对地库开口数量及位置的相关要求，具体情况（见图 5-45）如下：

a. 办公区（A 地块）。共 3 个地库开口，开口宽度均为 7m，满足双向通行要求。

b. 商业区（C～E 地块）。P4 为酒店车辆专用出入口，宽 7m，满足双向通行要求；P5、P6 主要为公寓和部分商业、文旅客流服务，宽 7m，均满足双向通行要求；P7、P8 主要为商业、文旅客流服务，宽 7m，均满足双向通行要求；P9 为公共停车场出入口，主要服务滨江风光带的游客停车需求；P10、P11 主要为商业、文旅客流服务，地块机动车主要出入口，

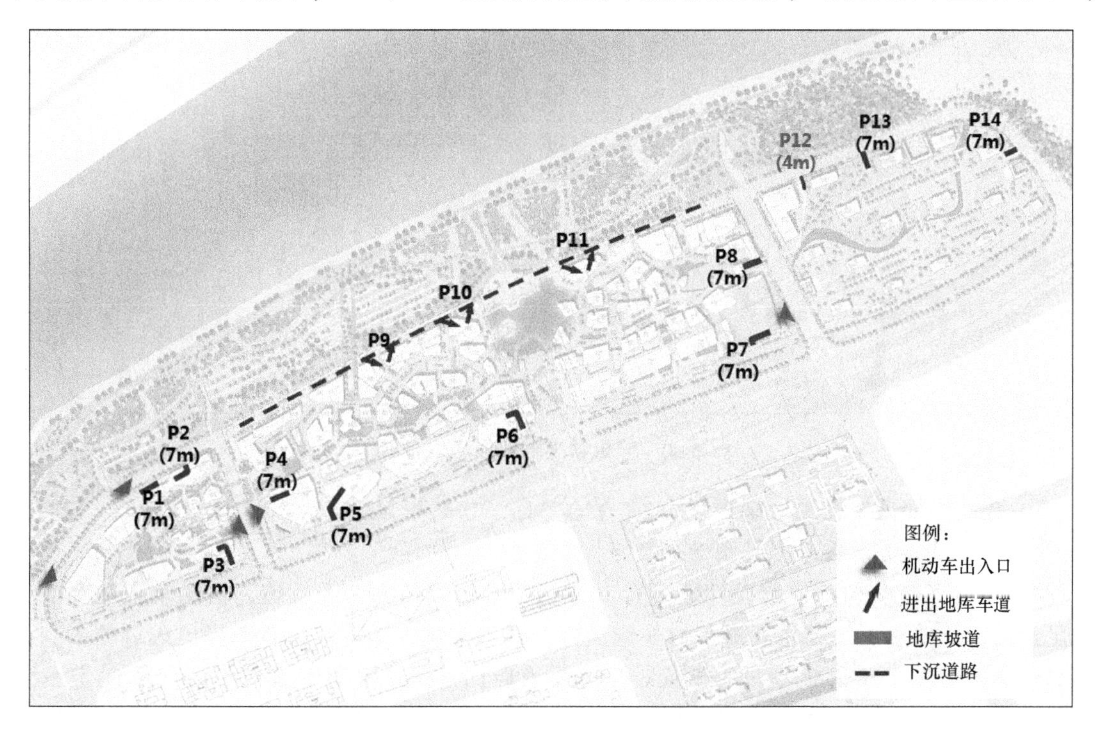

图 5-45 基地机动车库出入口布局示意图

通过北侧下沉道路与车库直接连通。

c. 住宅区（G~I 地块）。3 个地库开口，其中 P12 开口宽度为 4m，组织为单进口，主要为 G 地块商业客流服务，与西侧商业区地下车库车位共享；P13、P14 是服务住宅区的，独立管理，开口宽度均为 7m，满足双向通行要求。

（2）非机动车停车设施评价

根据停车需求预测，基地至少需非机动车停车位 10879 个。目前基地共设非机动车停车位 15122 个，其中地面非机动车停车位 1850 个、地下 13272 个（设置于建筑地下夹层），满足非机动车实际使用需求。地面非机动车停车位，主要结合办公和商业设施分散布置，为顾客非机动车临时停车服务。

JGJ 100—2015《车库建筑设计规范》规定，“非机动车车库停车当量数量不大于 500 辆时，可设置一个直通室外的带坡道的车辆出入口；超过 500 辆时应设两个或以上出入口，且每增加 500 辆宜增设一个出入口”。根据规范要求，基地共需设置带坡道的非机动车出入口 27 或 28 个。目前设计方案（见图 5-46），共设置非机动车坡道 30 个，能满足使用需求，且出入口数量较多，可以共享。

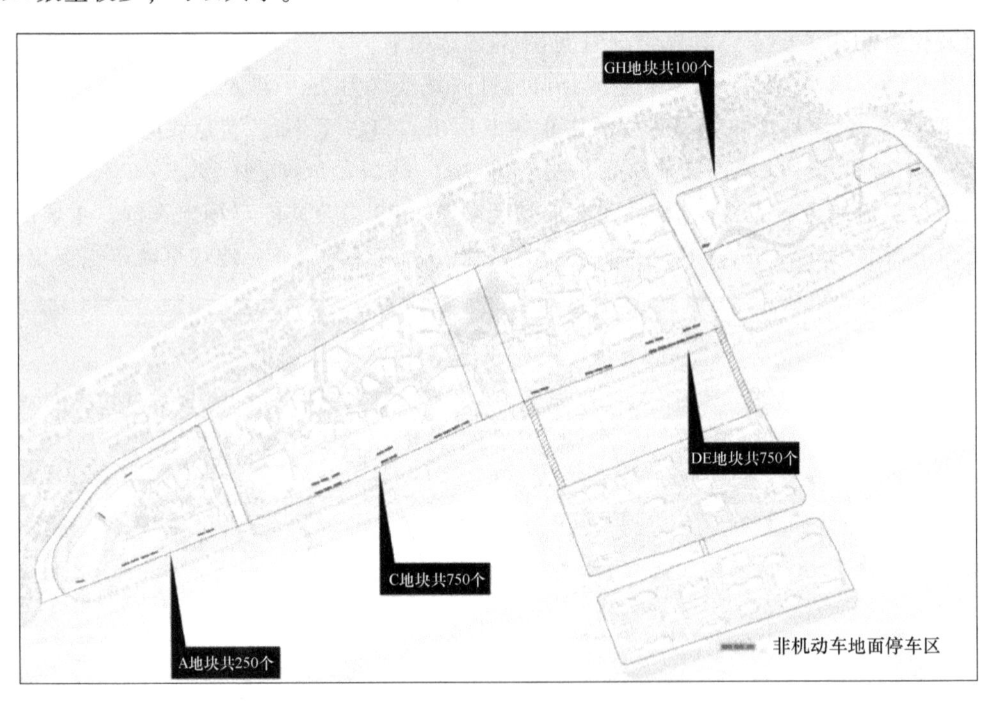

图 5-46　非机动车地面停车位布局

6. 基地内部道路交通影响评价

（1）内部机动车通道（见图 5-47）

基地 A~E 地块内部道路设计宽度为 12m，双侧设 2~3m 的人行道，机动车道宽为 7m，满足双向通行要求。道路主要沿基地外侧设置，基本实现人车分流，且车库出入口较多，易于尽快进入地库，减少对行人的干扰。C 地块酒店门前 4m 机动车道仅供酒店临时上下客用，组织单向通行；G~I 地块采取机动车结合出入口地库坡道快速进入地库，内部道路仅供消防及慢行功能。

基地龙王大街开口设计为慢行主入口，为避免外部车辆在此开口处聚集，并避免基地内部东西向车辆横穿，需要对该开口进行合理的交通组织措施，引导机动车通行，保证安全、舒适的慢行环境。

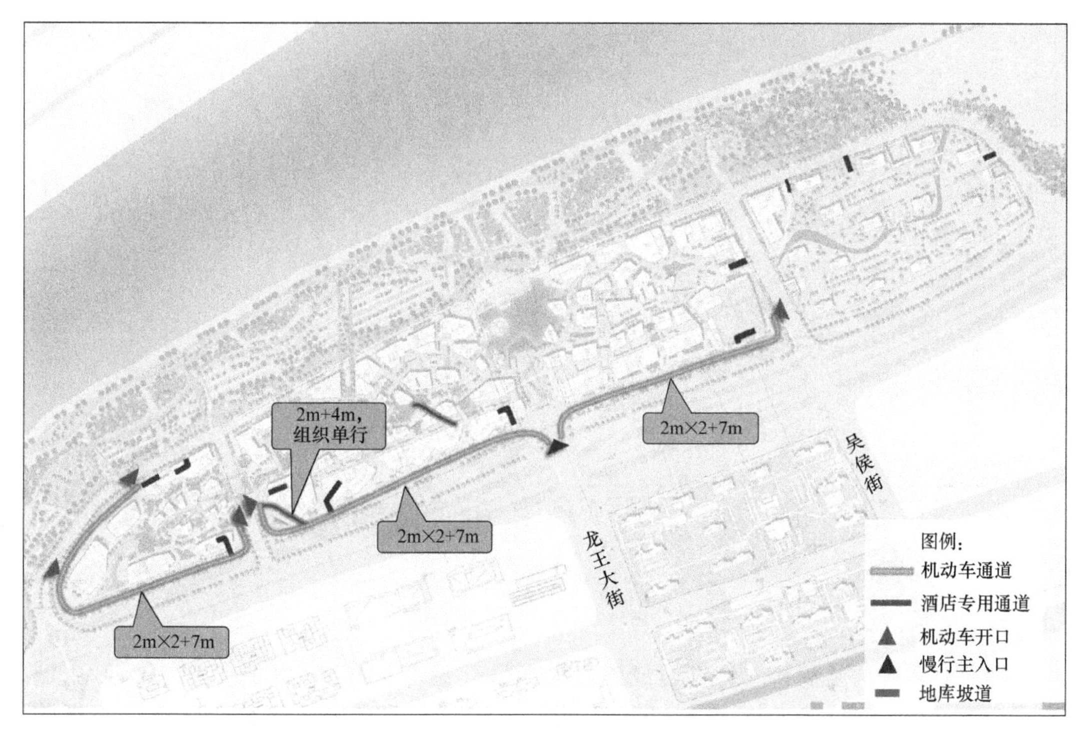

图 5-47 基地内部主要道路示意图

(2) 消防通道

根据 GB 50016—2014《建筑设计防火规范（2018)》中对消防车道的设置要求，“应设置环形消防车道，确有困难时，可沿建筑的两个长边设置消防车道；对于高层住宅建筑和山坡地或河道边临空建造的高层民用建筑，可沿建筑的一个长边设置消防车道，但该长边所在建筑立面应为消防车登高操作面……，车道的净宽度和净高度不应小于 4.00m……消防车道靠建筑外墙一侧的边缘距离建筑外墙不宜小于 5.00m……”

基地内部基本形成 4m 环形消防通道，各建筑设施周边已预留消防登高处的空间，符合消防规范要求，如图 5-48 所示。

5.4.3 项目设计成果

1. 外部道路交通改善

(1) 扬子江大道交通改善

地块南侧紧邻扬子江大道快速路，通过动车交通影响评估可知，基地全部建成后，对扬子江大道沿线路口交通影响较为显著。

基地建成后，主要通过扬子江大道沿线的平面交叉口进行交通组织，主要涉及的路口是平良大街、吴侯街和龙王大街交叉口。

1) 扬子江大道与平良大街交叉口

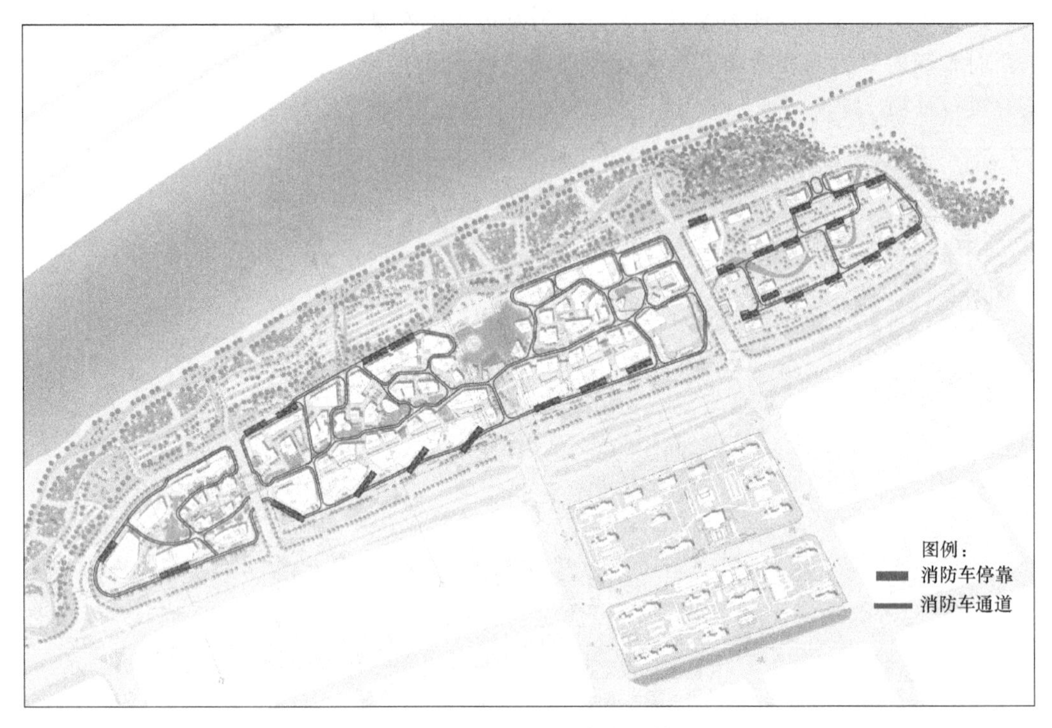

图 5-48　基地内部消防通道

目前路口南侧已建成，北侧仅建成路口渠划岛（见图 5-49）。由于基地与河西/主城方向交通联系最多，所以为增加路口左转通行能力，建议将北口车道宽度压缩为 3m，渠化为

图 5-49　扬子江大道与平良大街路口现状

2左1直1右四条进口车道，两条出口车道，同时完善桥面左转待行区的施划（见图5-50），规范行车秩序。

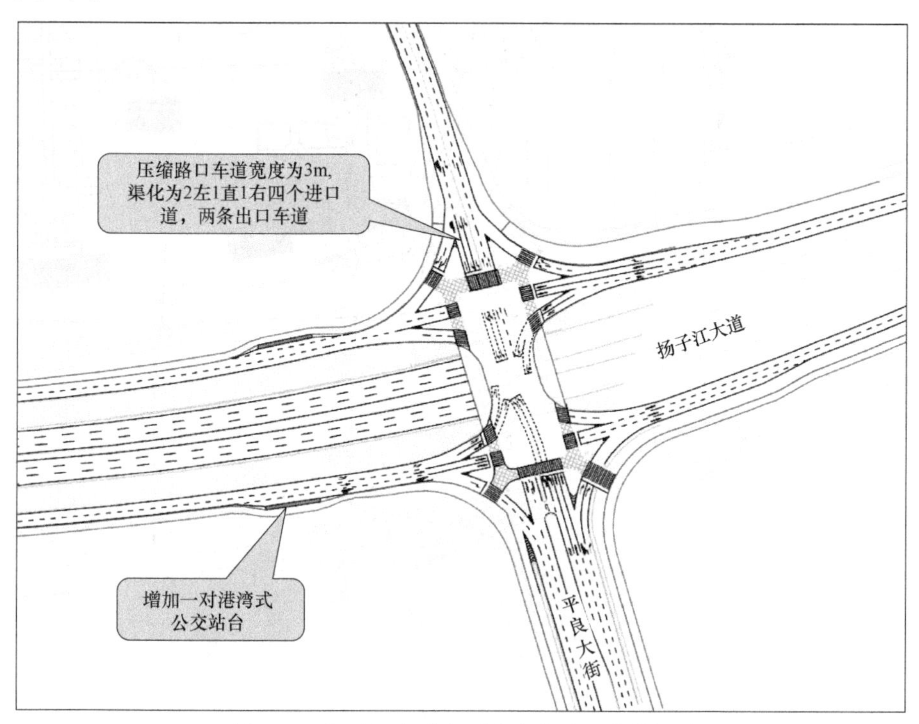

图5-50　扬子江大道与平良大街路口优化设计

2）扬子江大道与吴侯街交叉口

目前路口南侧暂未画线，北侧渠划岛已建成（见图5-51）。吴侯街北延道路规划双向4

图5-51　扬子江大道与吴侯街路口现状

车道通行。为增加路口左转通行能力，建议拆除现状渠划岛，路口渠化为2左1直1右四条进口车道，出口两车道；同时为保证南口与北口通行能力匹配，建议南口渠化为1左2直三条进口车道、一条出口车道，如图5-52所示。

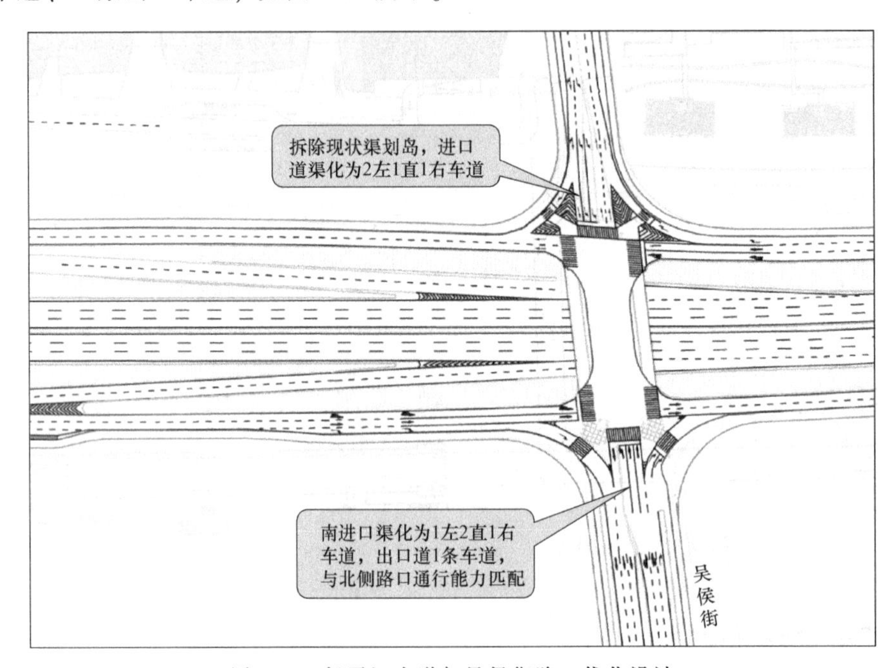

图5-52　扬子江大道与吴侯街路口优化设计

3）扬子江大道与龙王大街交叉口

基地龙王大街开口定位为慢行主入口，原则上限制机动车通行，仅允许出租车临时上下客。但从实际交通管控方面考虑，仅允许出租车通行较难控制，容易出现小汽车驶入该口的时候才发现禁止通行，导致车辆在路口逗留或积压，影响扬子江大道其他车辆的正常行驶。针对该路口，从以下两个方面着手：

① 加强外部停车指引，引导车辆经平良大街、吴侯街、天保街等主要开口进入基地，降低车辆经该口进入基地的概率。

② 目前交叉口南进口为1左转、2直行、1右转车道。建议优化为2左转1直行1右转车道，降低直行进入基地的通行能力，达到限制机动车通行的目的；拆除北口渠划岛，两条进口道组织为1直行1直右车道，禁止左转，主城方向的车辆可先直行，然后经下一个路口左转前往主城；另外，桥面施划直行和左转导流线，引导和规范机动车通行，如图5-53所示。

结合路口设置，基地内部道路进行相应的交通组织。在环岛西侧增加活动隔离栏或隔离墩，禁止西侧车辆驶入环岛；东侧道路组织单行。

4）扬子江大道路段改造

C地块为二期建设，西侧支路将于二期建成。结合C地块建设进度，同步对扬子江大道（天保街—龙王大街段）进行改善。

如图5-54所示，扬子江大道（天保街—C地块西侧支路段）目前两侧无辅道，主线双向10车道通行。结合C地块出入口布局，内部支路是酒店和公寓车辆进出的主要通道。在

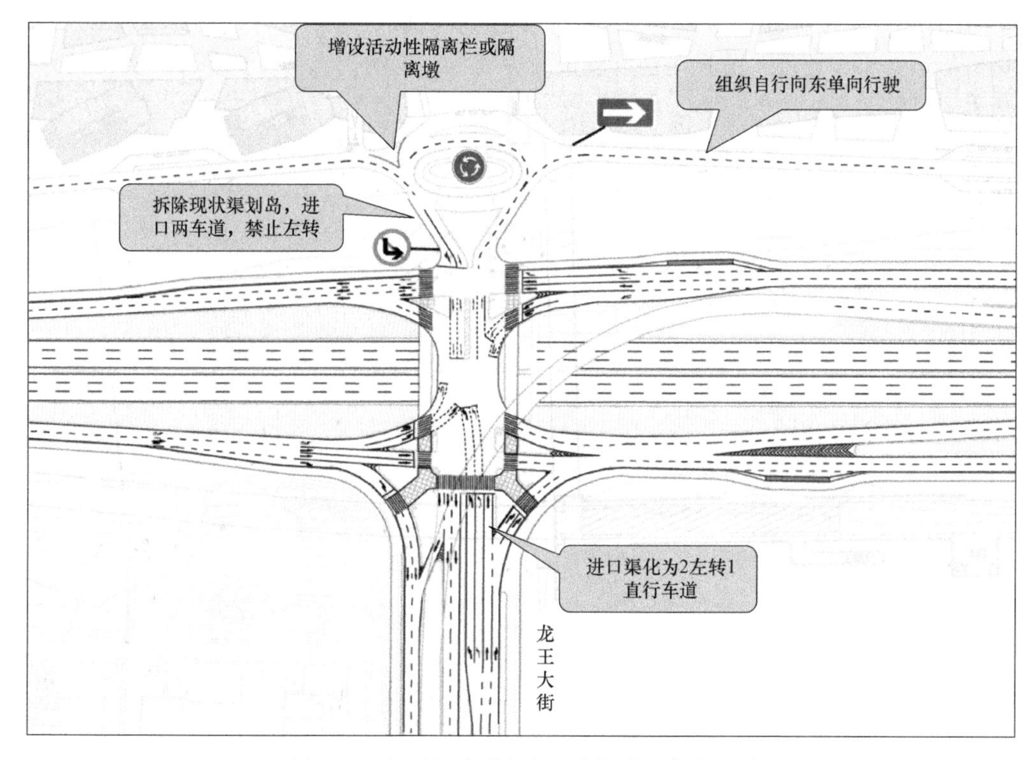

图 5-53　扬子江大道与龙王大街路口优化设计

400m 范围内，进出基地车流与主线车流交织，产生两个冲突点，对主线通行影响较大。

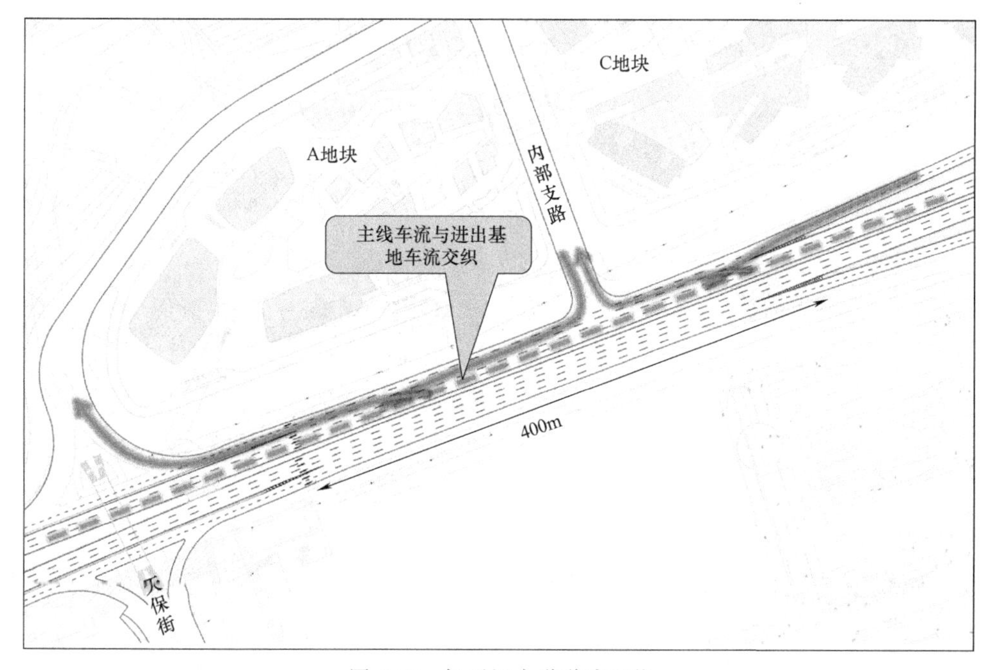

图 5-54　扬子江大道道路现状

针对存在的问题，本次研究提出两种改善方案供参考，并建议采用方案二。

① 方案一。设计如图 5-55 所示，在路口两侧增加加减速车道，并在路口增设三角岛，降低进出基地的车流速度，防止车辆以较快的速度汇入主线，降低安全隐患。类似设计如图 5-56 所示。

优点，对扬子江大道的现状道路条件改变较小，工程较容易。

缺点，难以从根本上解决车流交织问题，冲突点仍然存在。

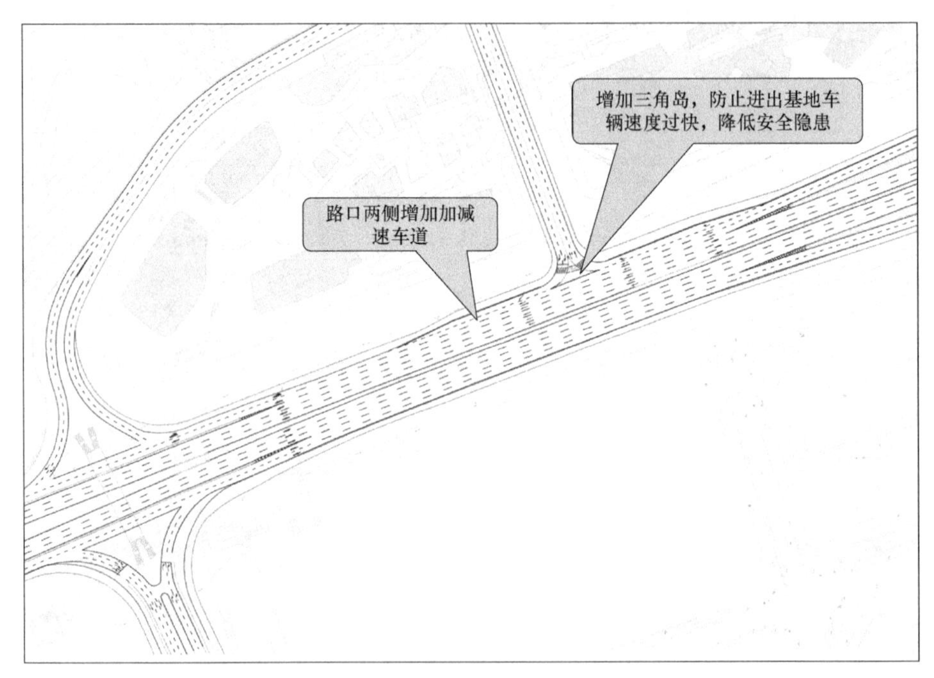

图 5-55　扬子江大道改善设计示意图（方案一）

图 5-56　现状扬子江大道类似路口设计

② 方案二。设计如图 5-57 所示，扬子江大道近地块一侧增加侧分带，改为“主线+辅道”形式，并增设两处开口，允许车辆驶出和汇入主线。

优点，彻底解决进出基地车辆与快速路主线交通交织问题，大大降低交通安全隐患。

缺点，工程量较大，需要拆除现状硬路肩及部分侧分带，对现状道路环境改变较大。同时扬子江大道北侧红线拓宽 5~6m，侵占部分绿地。

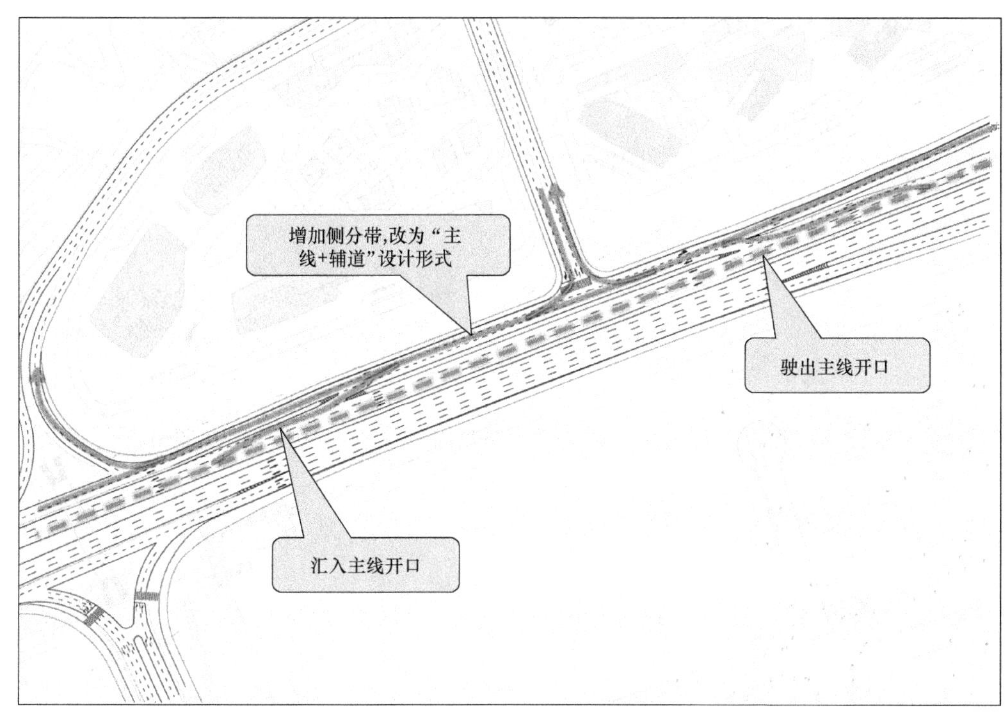

图 5-57　扬子江大道改善设计示意图（方案二，推荐方案）

2. 基地周边支路交通改善

（1）交通管控措施

基地周边支路（见图 5-58）虽然主要为基地本身服务，但交通量仍然较大，所以建议对两个相交路口均采用圆头灯信号控制（见图 5-59 和图 5-60），同时完善道路标志标线设施，增设限速、减速慢行等标识，保障地块内交通安全。

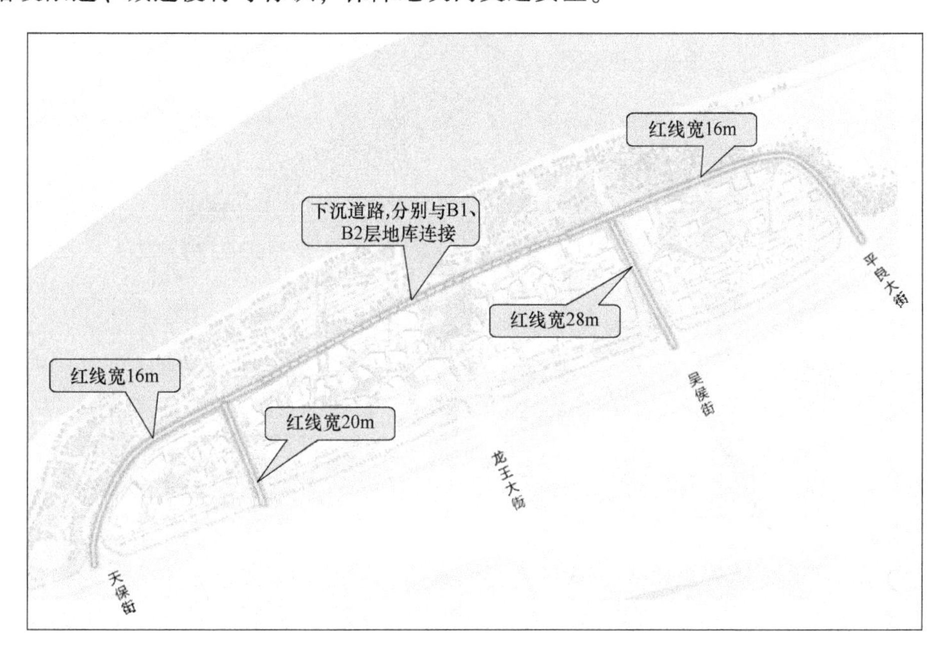

图 5-58　基地周边支路分布情况

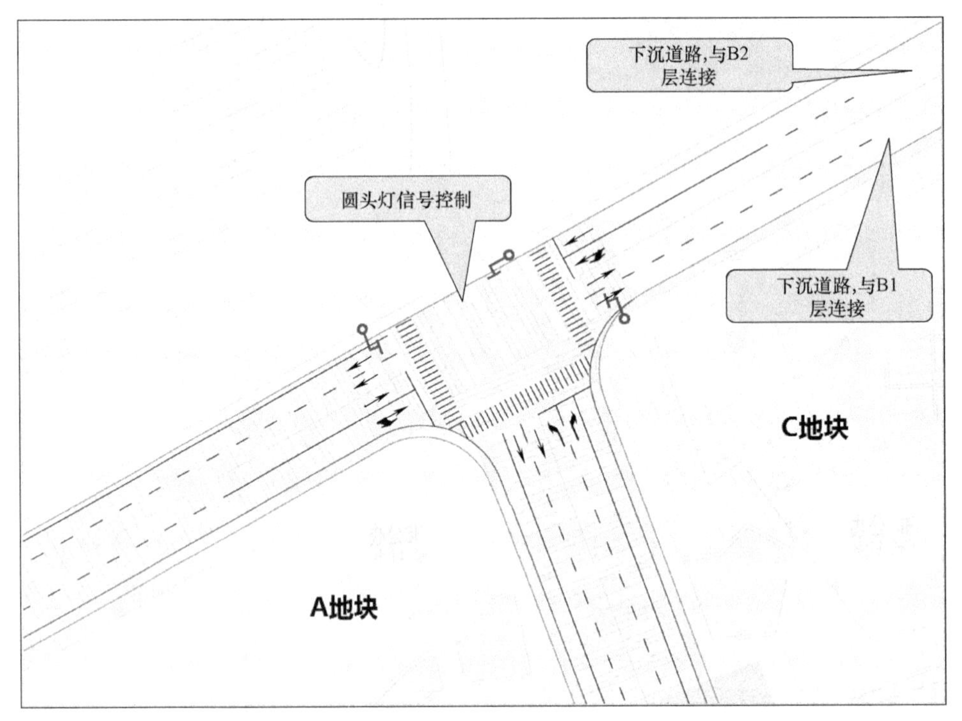

图 5-59　西侧支路交叉口设计

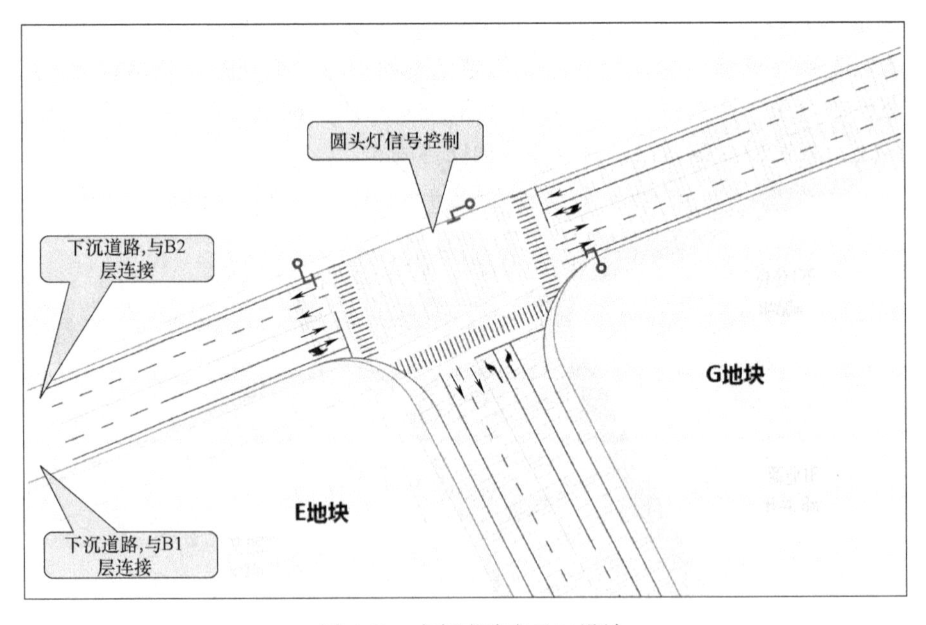

图 5-60　东侧支路交叉口设计

（2）道路断面设计

吴侯街北延道路红线宽度 28m，双向 4 车道通行，如图 5-61 所示。

西侧 20m 支路，双向 4 车道通行，红线外利用建筑退让空间预留 2m 步行空间，如图 5-62 所示。

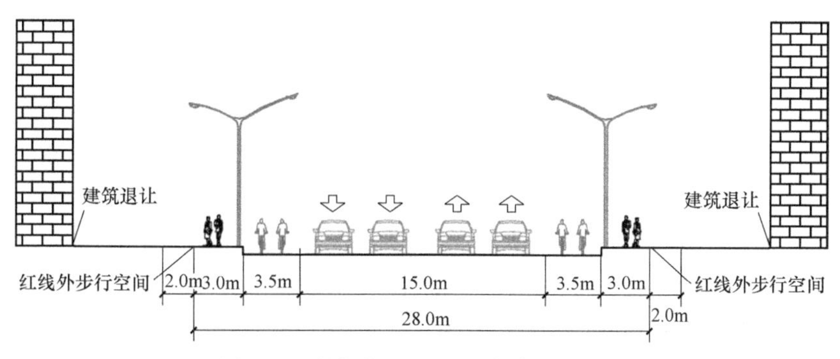

图 5-61　吴侯街北延 28m 支路断面形式

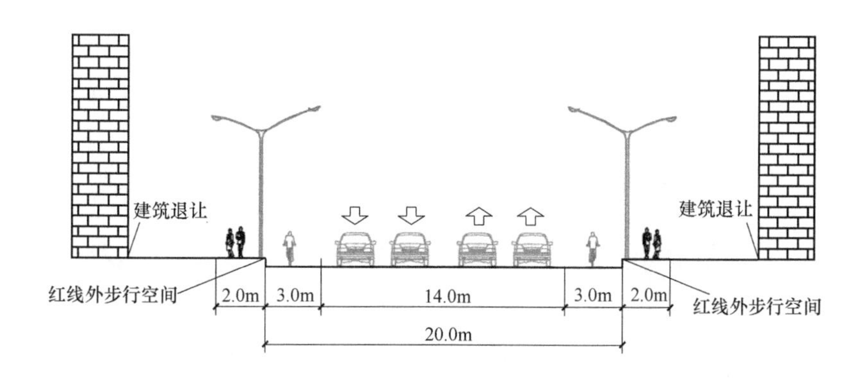

图 5-62　20m 支路断面形式

北侧 16m 支路（见图 5-63 和图 5-64），下沉段采用立体错层设计，西向东行驶两条车道与地库 B1 层连接，车辆全部右进右出；东西向行驶两条车道与地库 B2 层连接，车辆全部左进左出，或主城方向车辆可先驶入 B1 层，然后驶离地库。

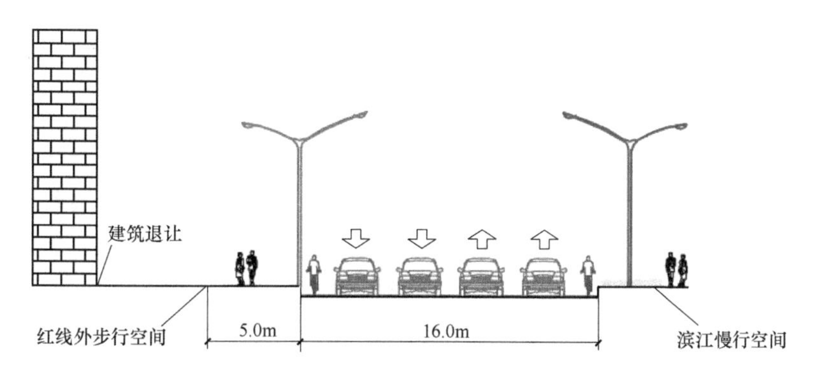

图 5-63　16m 支路西段和东段断面形式

结合地块分期建设计划，一期 E 地块开发时，建议同步进行 16m 和 28m 支路建设，西侧 20m 支路可在二期 C 地块开发时同步建设。

3. 外部停车指引

地块业态种类较多，建议结合业态性质对地块进行明确分区，如办公区、休闲购物区等

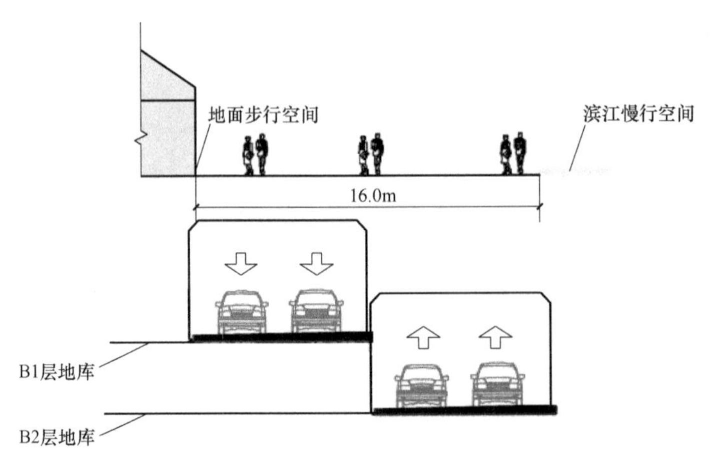

图 5-64　16m 支路下沉段断面形式

(见图 5-65)。外部停车指引标志的设置结合不同地块分别进行指引（见图 5-66)，保证外来车辆能够快速、准确到达目的地。考虑到龙王大街开口为基地慢行主入口，不鼓励机动车从该口驶入，所以停车指引应具有明显诱导性，诱导机动车从其他开口驶入基地（见图 5-67)。

图 5-65　基地外部道路停车指引标牌设计方案示意图

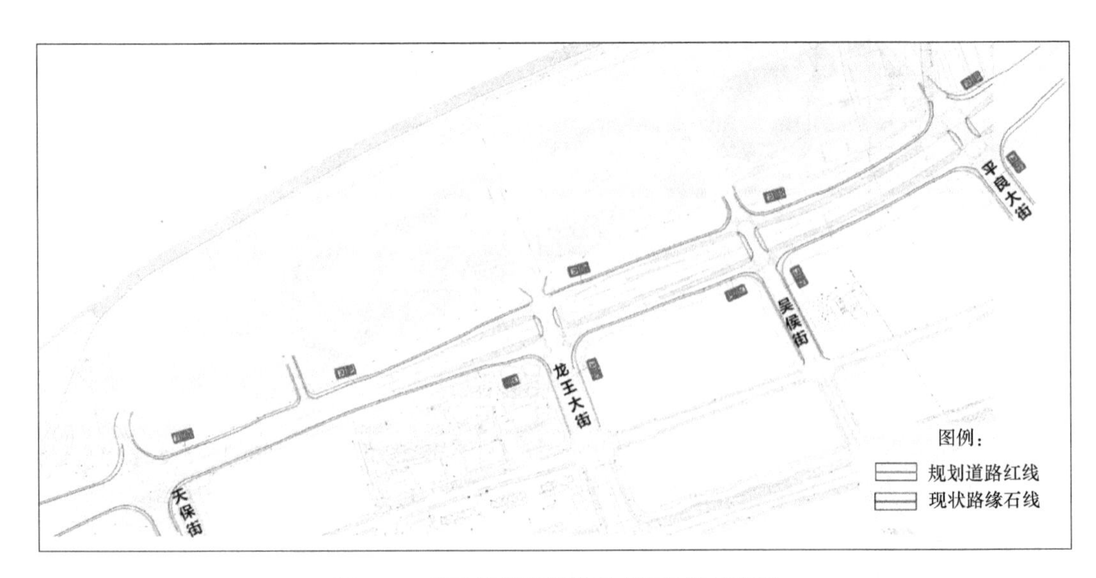

图 5-66　基地外部道路停车指引设计示意图

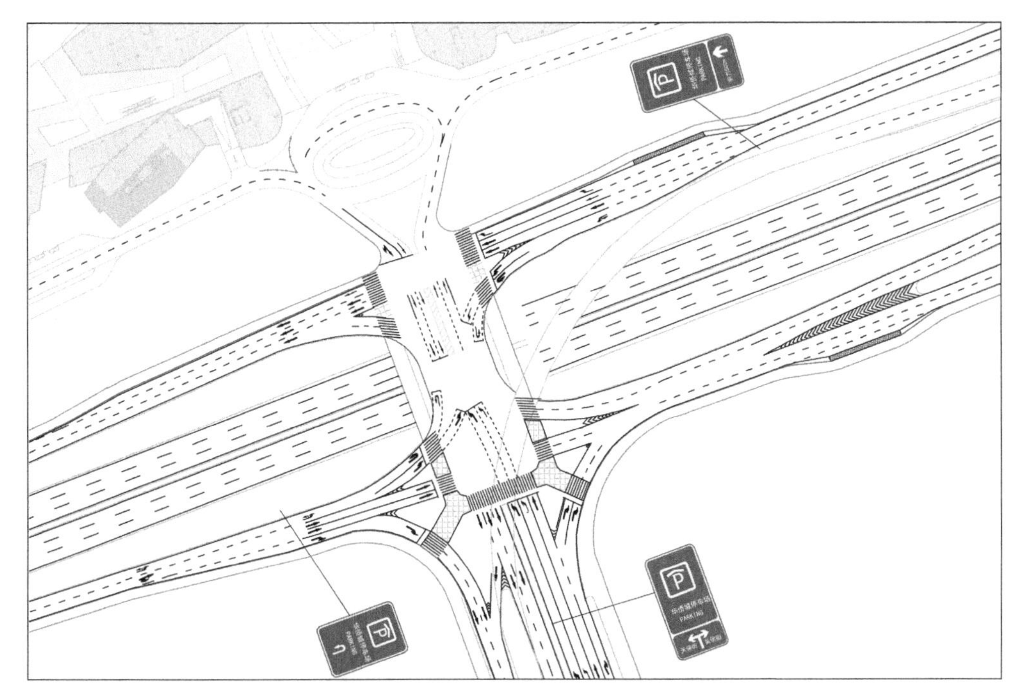

图 5-67 龙王大街路口停车指引示意图

4. 公共交通改善

规划地铁 9 号线在基地周边设三个站点，但在轨道交通建成前，公共交通仍以常规公交为主。为保证基地建成后的公交需求，结合 E 地块公交首末站的建设，建议合理增加主城/河西—鱼背、板桥—鱼背、江宁—鱼背等联系各区域的长线公交，以及基地—河西南部之间公交线路和接驳鱼嘴湿地公园、奥体中心、牛首山等景点的旅游线路。并结合地块出入口及规划 9 号线站点出入口的位置，增加 4 对港湾式公交站点。

结合地块建设时序，一期 E 地块建设时，同步进行扬子江大道龙王大街~平良大街段道路改造，包括增加两侧慢行空间和 4 个公交港湾站点（见图 5-68）的建设；远期随着地块逐步建成，完成其余公交站点及道路改造。

5. 慢行交通改善

（1）步行系统

从四个层面对基地周边步行系统提出以下改善建议。

1）地面

目前基地周边扬子江大道两侧无慢车道，仅按照规划建成了机动车部分。考虑基地建成后的人流及非机动车需求，建议在扬子江大道两侧增设 3~5m 的慢行空间。

2）地下

结合规划地铁 9 号线站点，预留 4 处地下过街通道，与基地各地块直接联系。在目前设计方案中，过街地道与地块地下三层连接，然后通过扶梯将人流送上负一层及地面层，如图 5-69 所示。从便捷性上来看，人流需要在地下三层周转后才能进入负一层或地面活力空间，不利于人与基地的直接沟通。

地铁 9 号线尚在预可研阶段，站位设计尚未稳定，建议基地加强与地铁相关单位的联系，针对地铁与基地衔接问题提前沟通。比如既有站点设计方案在基地一侧未预留出入口，

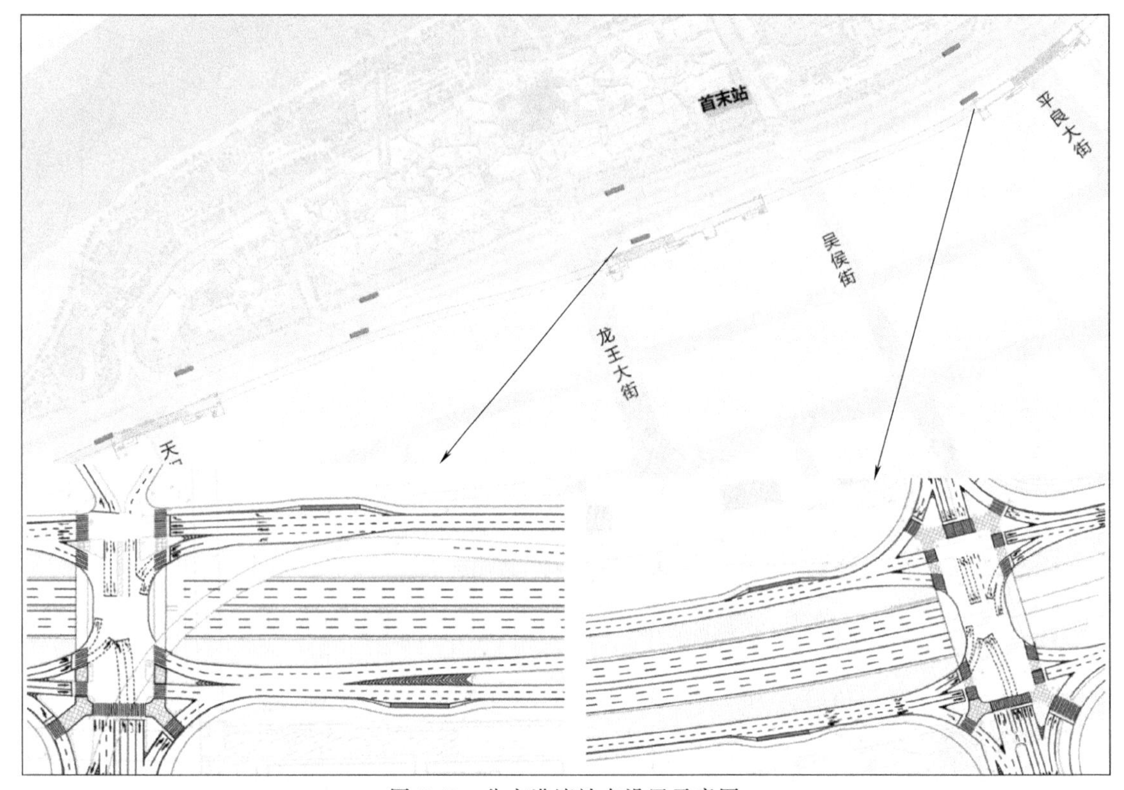

图 5-68　公交港湾站点设置示意图

如果能在靠近基地一侧增加地铁出入口，将大大提升步行舒适度。

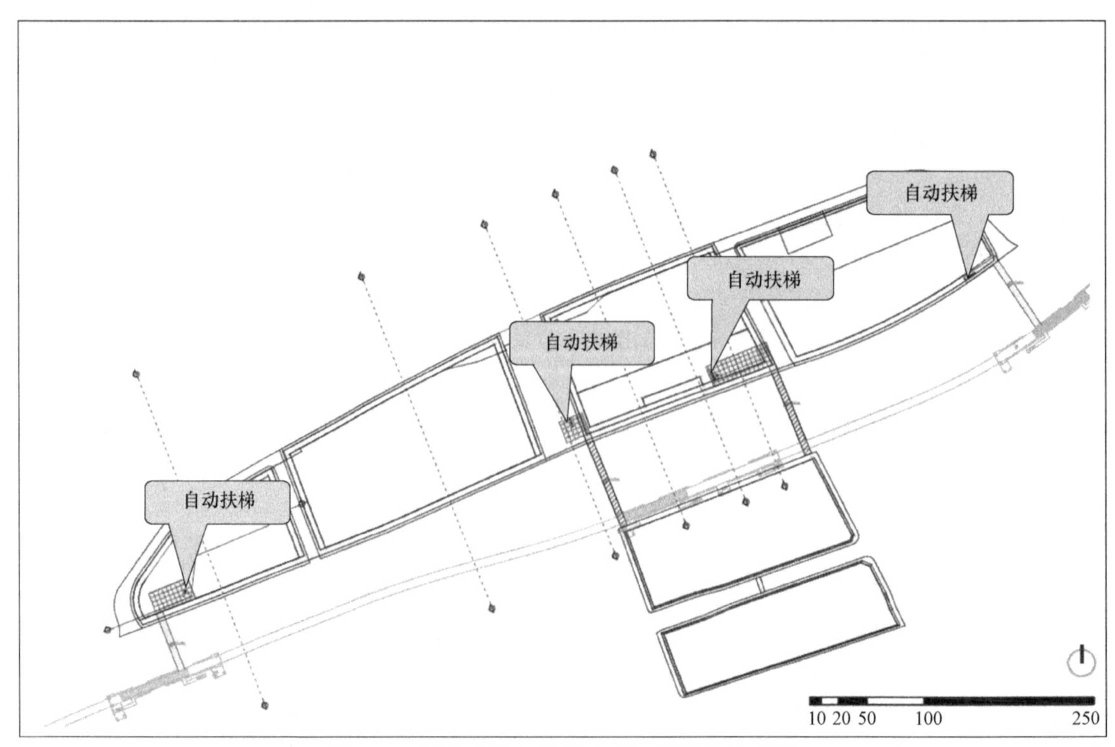

图 5-69　过街地道与基地地下三层衔接示意图

另外，目前地下过街通道是根据规划出让条件中的地铁站点位置预留的。根据最新轨道站点设计方案，天保街地铁站点整体偏向路口西侧，建议地铁9号线在未来实施中重点关注与道路的穿越关系，使地铁与基地可以通过地下过街通道直接联系，如图5-70所示。

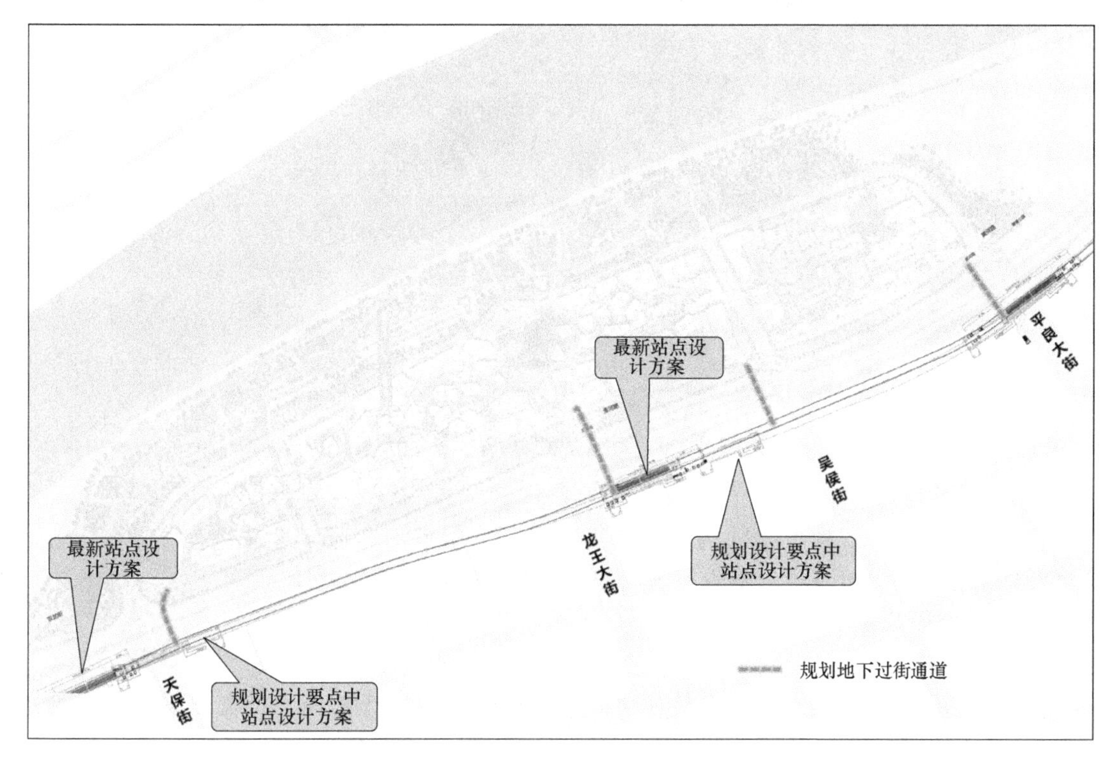

图5-70　规划地铁9号线站点设计方案

3）地上

目前已有天保街过街天桥，建议在天保街与龙王大街之间增加1处过街天桥，使基地与南侧海峡城居住区直接连接，带动两侧活力。

4）过江索道

根据设计方案，基地将通过索道与江心洲联系，建议与江心洲相关项目对接，打造具有标志性、特色性、旅游集聚性的索道交通。

（2）自行车系统

1）城市公共自行车

结合地铁出入口及公交站台位置，沿扬子江大道增设6处公共自行车租赁点，建议每处租赁点设不少于50个桩位。

2）休闲游览自行车

基地北侧为滨江风光带，结合滨江绿道，增设3处休闲游览型自行车租赁点。

3）共享单车

共享单车发展迅速，为了适应各类出行需求，建议地块内部结合非机动车地面停车区分散布置适量共享单车，并安排人员进行管理，规范停车秩序，防止其他车辆占用停车区，可参考图5-71所示共享单车停车区。

图 5-71 共享单车停车区参考示例

4）连续的自行车道

目前设计方案中，G~I 地块内自行车道与滨江休闲道不连通，建议基地内部自行车道与滨江休闲道连通，对基地内部慢行道与滨江休闲道进行一体化设计。

6. 内部交通改善

（1）出入口改善

根据原总平设计方案，基地在吴侯街北延线道路西侧连续布置 4 个机动车开口（见图 5-72）。为简化车辆进出流线，减少交织，建议归并大巴停车场与公交首末站开口（见图 5-73）。最新总平设计方案中，已经按照意见进行开口归并。

图 5-72 最初总平开口设计方案

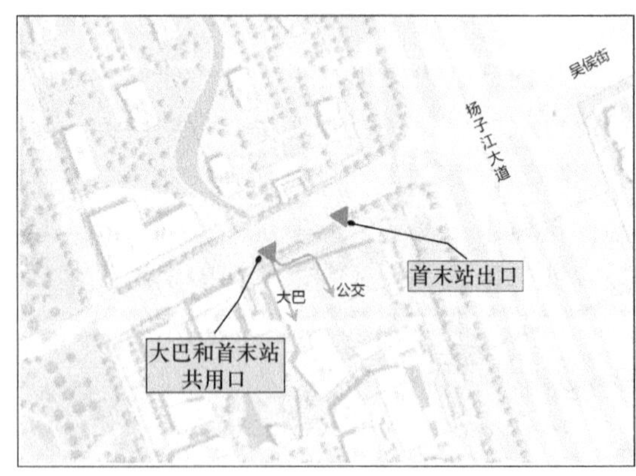

图 5-73 规并后开口示意图

在最新设计方案中，归并大巴和首末站开口，但存在的问题是，公交车需要经两次转向后才能驶入首末站，行驶流线不顺畅，行车存在一定的困难。建议对公交行驶流线进一步优化（见图 5-74）。

（2）内部道路改善

基地龙王大街开口为慢行主入口，结合扬子江大道-龙王大街交叉口改善，基地内部西

图 5-74　建议优化公交行驶流线

侧道路组织自西向东单行，同时为避免东西向车流横穿，在环岛西侧增设活动隔离栏或隔离墩。

结合内部道路单行组织，对 P7 地库开口组织为单出口，经该口驶出车辆左转通过吴侯街开口驶离基地。具体措施如图 5-75 所示。

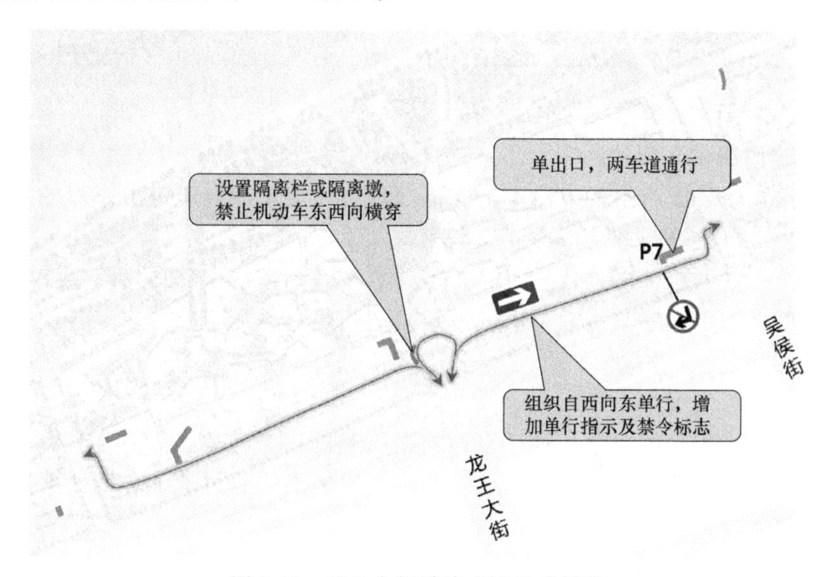

图 5-75　基地内部道路交通改善措施

5.4.4　交通组织方案

1. 机动车交通组织

基地机动车主要通过扬子江大道辅道与平良大街、吴侯街及天保街三个路口进行组织，大部分车辆进入基地后通过支路进入地下车库停放，少部分车辆经基地内部道路接、送人后直接离开。

G、H地块居住区车流主要通过平良大街路口进行组织，A~E商办地块主要通过北侧下沉道路及B1层地下车库内环线周转后，通过外部各路口进行组织。

（1）地面机动车流线

基地地面机动车流线如图5-76所示。

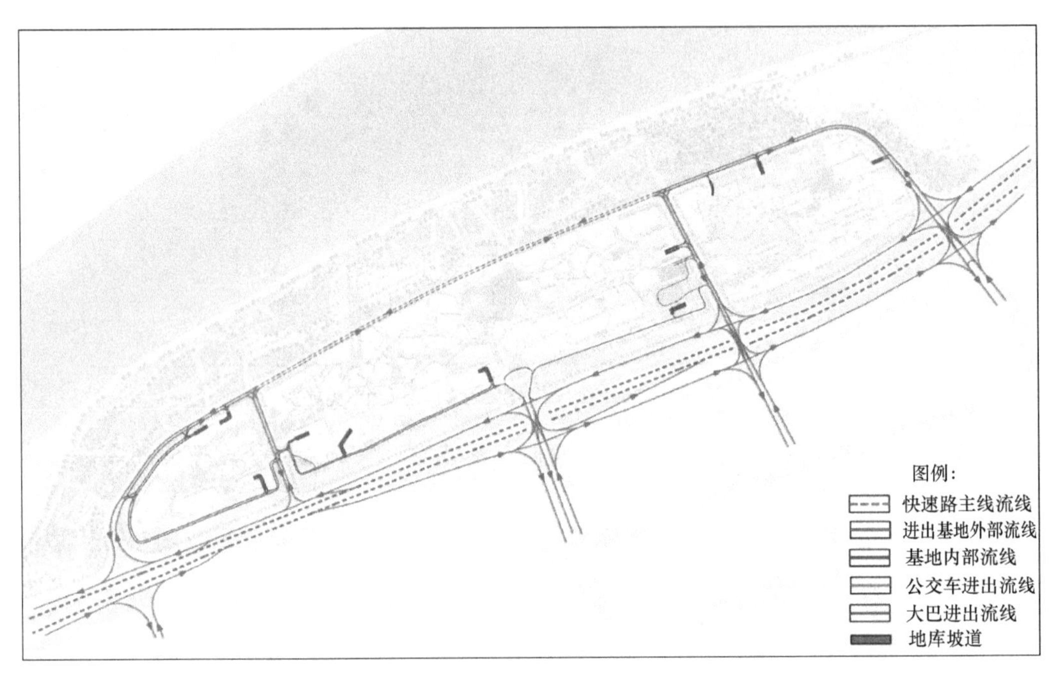

图5-76　进出基地机动车地面交通组织流线

（2）地下车库机动车流线

商办、餐饮娱乐设施产生的机动车，除部分通过地面车库坡道进出车库外，大部分车辆将主要通过北侧下沉道路与地下车库直接联系。

基地地下车库共两层，B1层停车位3250个，B2层停车位6612个，共计9862个停车位。为了便于就近停车和停车诱导，对地库结合地面建筑进行功能分区，各业态停车位数量与需求基本相匹配。

1）B1层机动车流线

北侧下沉道路采用立体错层设计，自西向东行驶的两条车道与B1层连接，车辆全部右进右出。车库内部形成地下环线，保证机动车可不出地面，通过地下环线便可直接到达平良大街、吴侯街等主要地块出入口。

在B1层地库设置有1处200多个停车位的公共停车场，主要为滨江风光带的游客服务。停车场内部设有一处升降电梯，游客可经电梯直达地面，前往滨江公园。公共停车场设独立出入口，但均位于北侧下沉道路，辨识度较低。所以，为了确保访客能够快速定位，在基地外部和内部均需设置明显的公共停车场标识，指引车辆行驶。

东侧住宅区与西侧商业区通过一处通道连通，为了方便住宅区停车管理，在非特殊情况下，可通过放置活动隔离栏等方式对住宅区停车进行独立管理。

具体停车分区及机动车流线如图 5-77 所示。

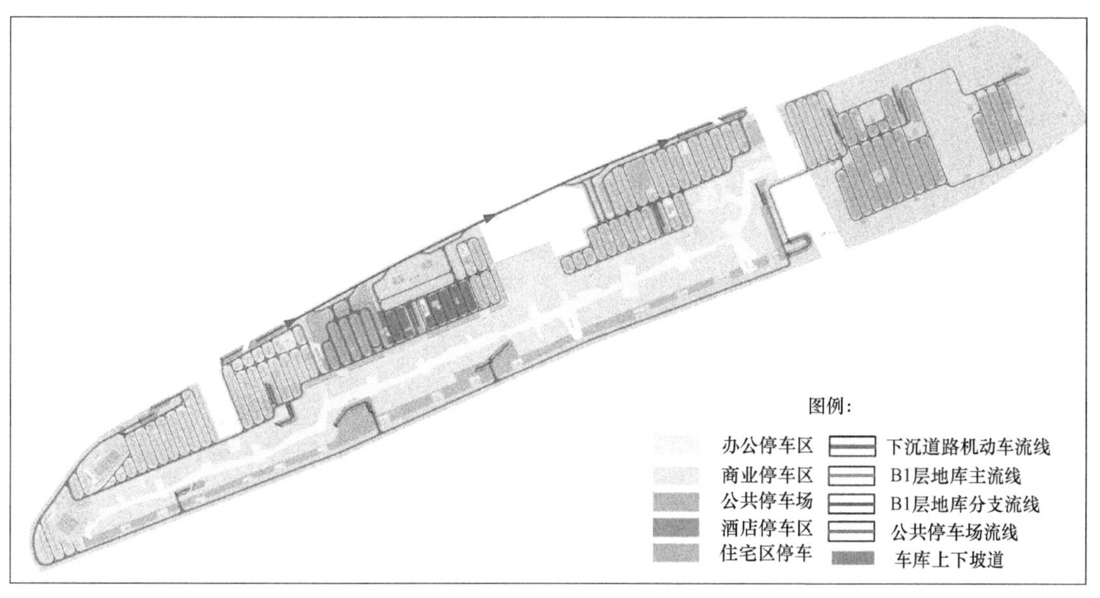

图 5-77 地下车库 B1 层交通组织流线

2）B1 层装卸车流线

基地商业、酒店、餐饮娱乐类设施有货物装卸需求。货物装卸全部安排在 B1 层，装卸车进入基地后通过 A 地块北侧和 E 地块西侧两处地库坡道进入地下一层，行驶到货物装卸区停放装卸，如图 5-78 所示。

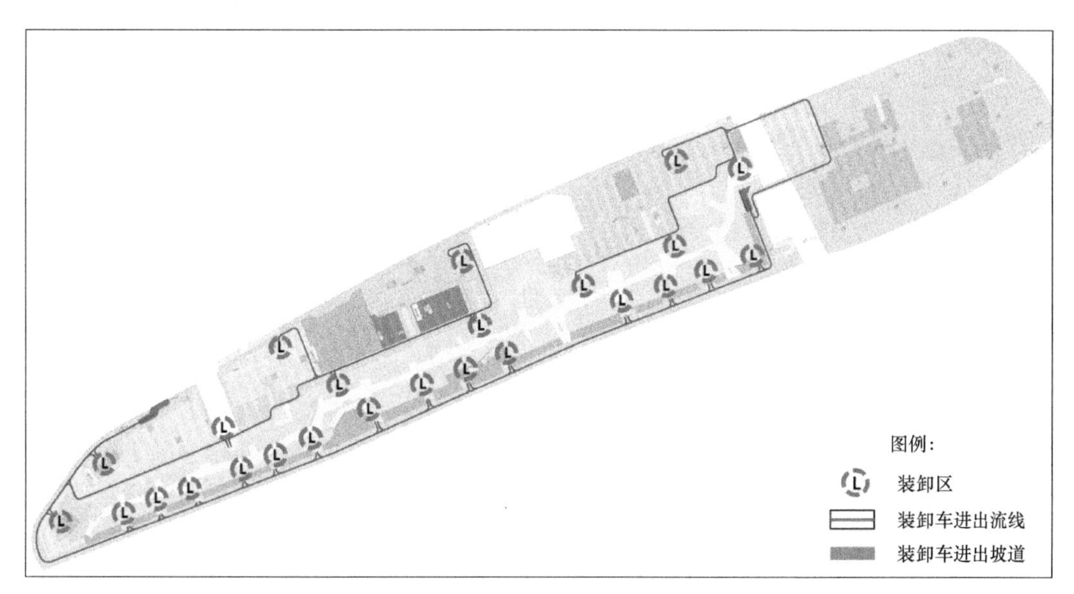

图 5-78 装卸车进出地库流线

3）B2 层机动车流线

北侧下沉道路自东向西行驶的两条车道与地库 B2 层连接（见图 5-79），车辆全部左进左出，或可先由内部连接坡道驶入 B1 层，然后经 B1 层驶离。目前设计方案中，下沉道路与地库开口的关系不甚明确，需要进一步对开口位置、开口宽度及形式进行详细设计。

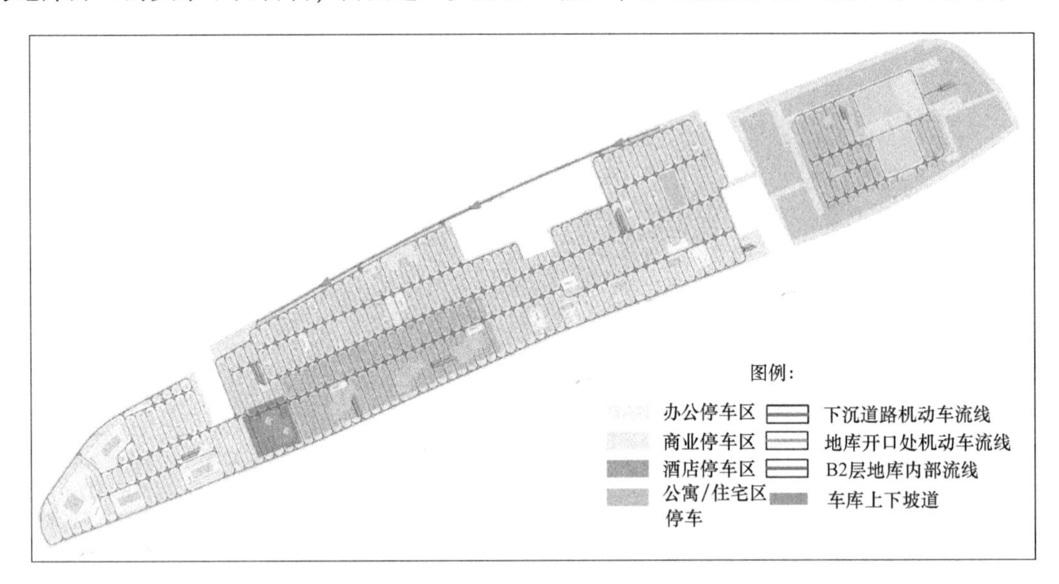

图 5-79　地下车库 B2 层交通组织流线

2. 公交和大巴车交通组织

(1) 公交车流线组织

E 地块内布置一处公交首末站，设独立进出口。结合首末站建设，增加主城/河西—鱼背、板桥—鱼背、江宁—鱼背等联系各区域的长线公交，以及基地—河西南部之间公交线路和接驳鱼嘴湿地公园、奥体中心、牛首山等景点的旅游线路。建议优化前后的公交车进出首末站流线如图 5-80 和图 5-81 所示。

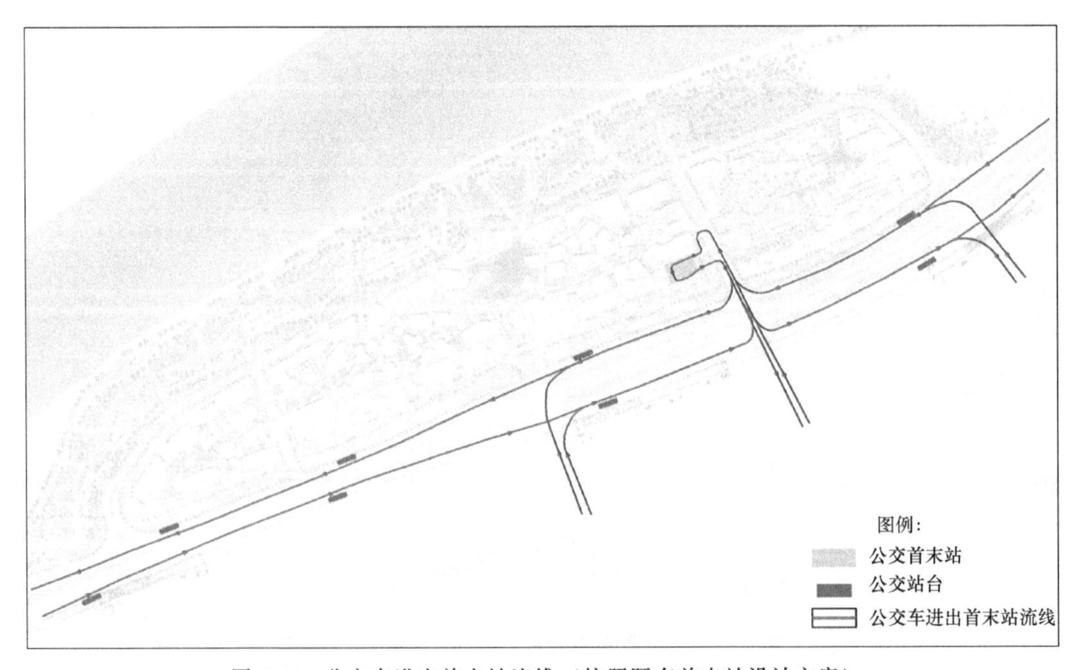

图 5-80　公交车进出首末站流线（按照既有首末站设计方案）

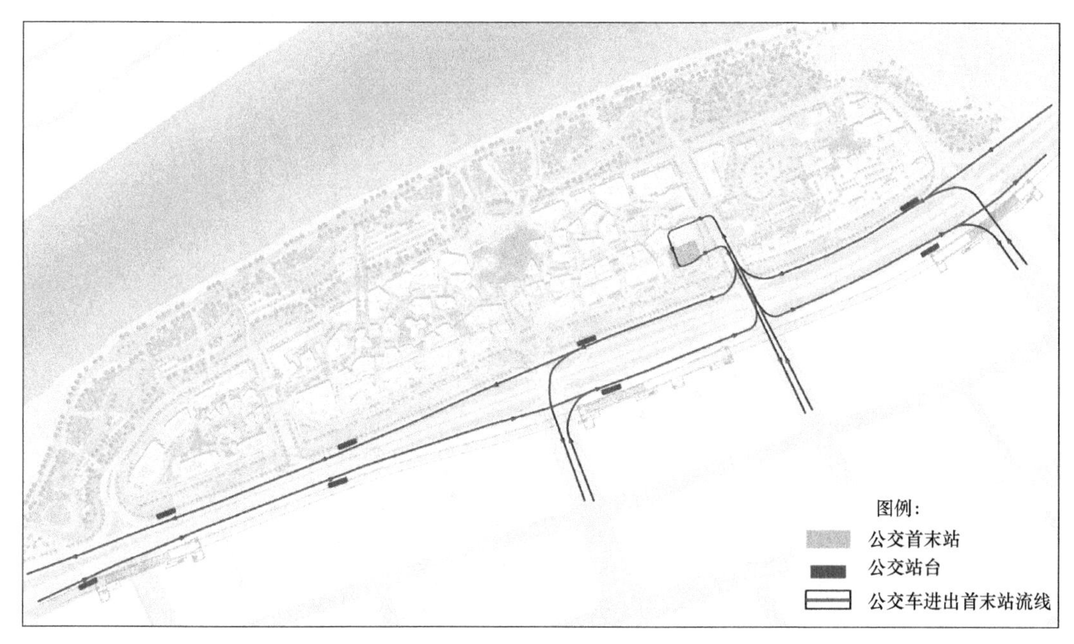

图 5-81 公交车进出首末站流线（建议优化方案）

（2）大巴车流线组织

基地内共有两处大巴车落客点（见图 5-82）：一处设置于酒店门前，有 3 个大巴停车位，主要为酒店服务；另一处为大巴停车场，10 个停车位，与 E 地块公交首末站共用开口。考虑节假日旅游大巴停车需求增长，基地内停车位可能暂时不能满足停车需求，建议做好基地与鱼嘴湿地公园的大巴接驳线（见图 5-83）交通组织，通过公园大巴停车场解决地块停车位不足问题。

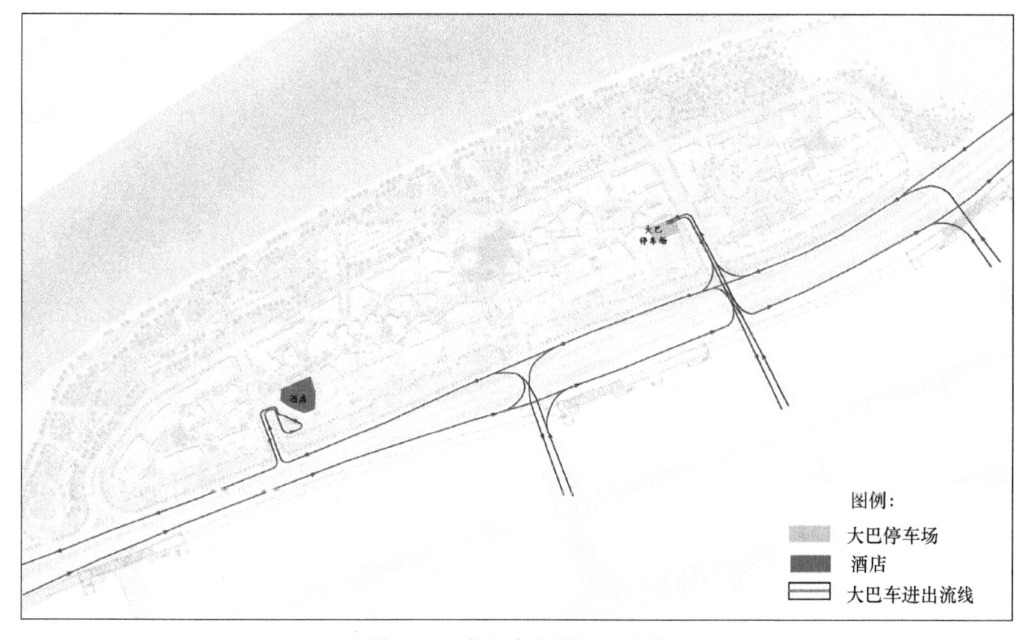

图 5-82 大巴车交通组织流线

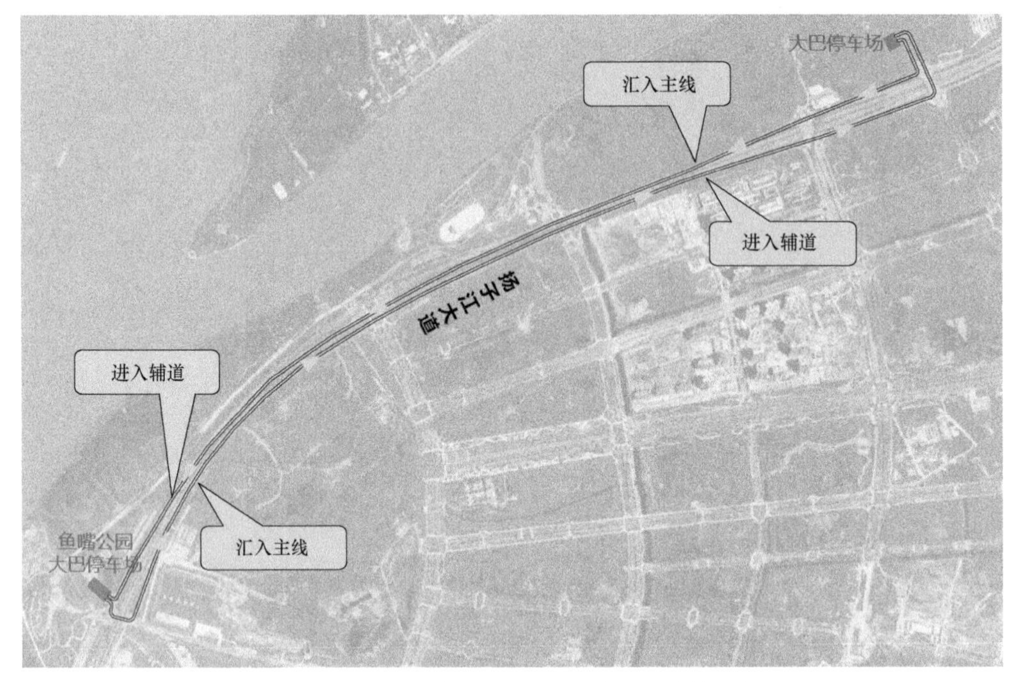

图 5-83　基地与鱼嘴湿地公园大巴车接驳流线示意图

3. 慢行交通组织

(1) 人行交通组织

基地内部慢行道与滨江休闲道一体化设计，行人基本可在任何沿街界面到达滨江景观带(见图 5-84)。由于 A~E 地块内商业街较狭长，为避免较长距离的步行，同时也为使基地休

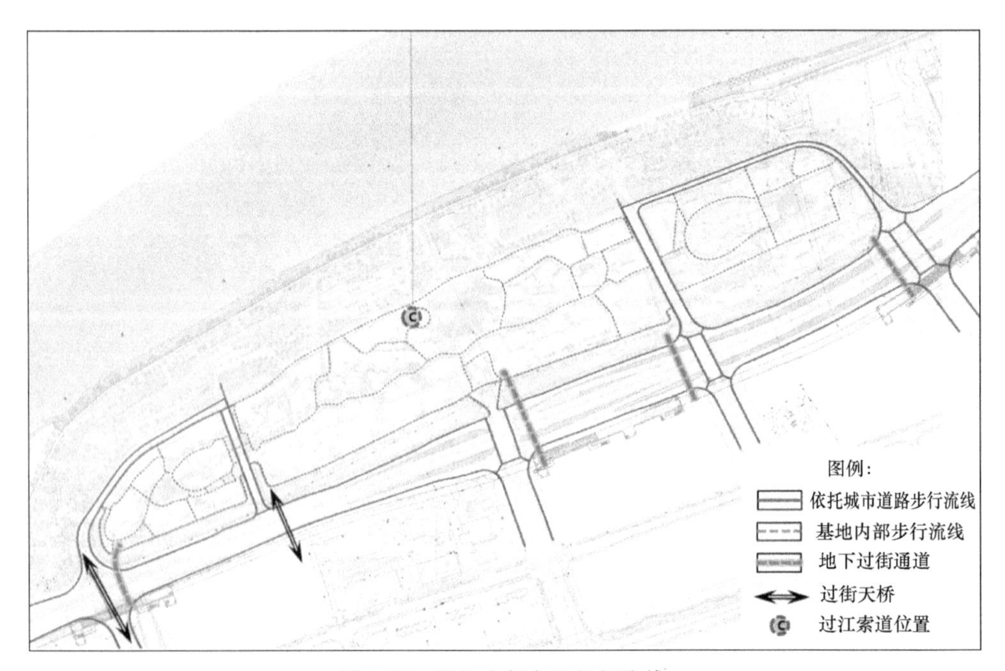

图 5-84　基地人行交通组织流线

闲娱乐活动多元化，在B1层商业街设置观光小火车轨道线路（见图5-85），并结合各活力节点组织上下客。

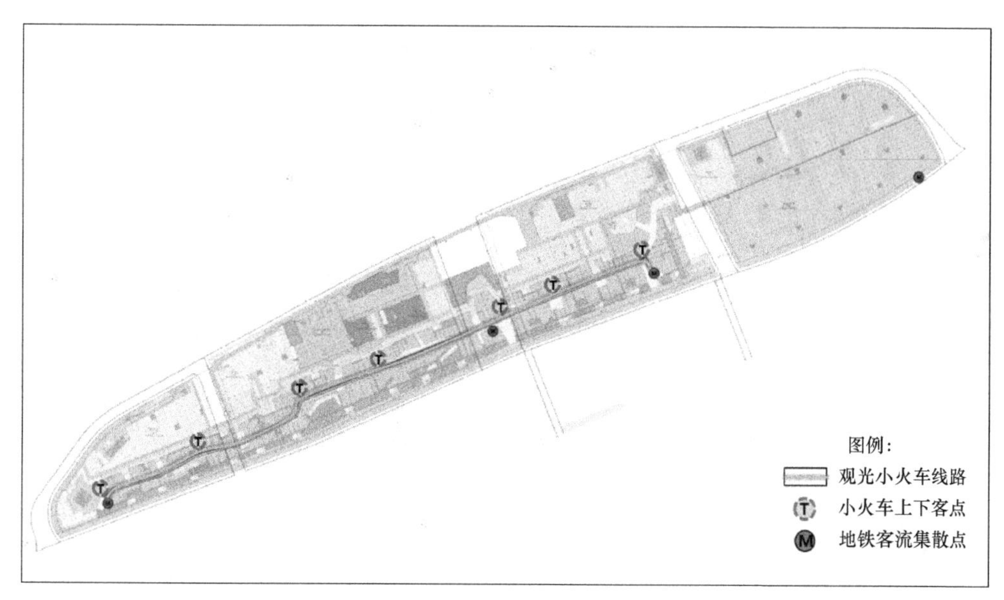

图5-85　商业街观光小火车行驶流线

（2）非机动车交通组织

基地非机动车交通组织流线如图5-86所示。

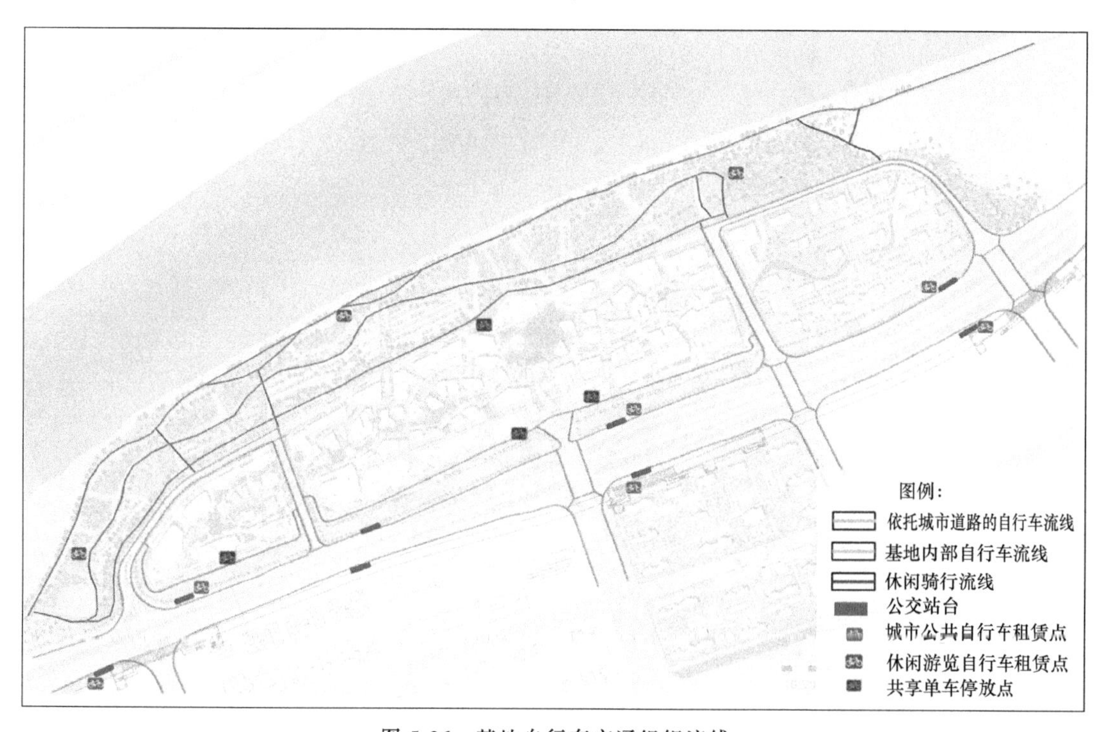

图5-86　基地自行车交通组织流线

参 考 文 献

[1] 陆化普. 城市交通规划与管理 [M]. 北京：中国城市出版社，2012.

[2] 刘国培. 城市道路设计 [M]. 北京：人民交通出版社，1993.

[3] 文国玮. 城市交通与道路系统规划 [M]. 北京：清华大学出版社，2013.

[4] 李继业，张峰，马朝阳，等. 城市道路设计实用手册 [M]. 北京：化学工业出版社，2014.

[5] 王建军，钟厚冰，赵晓峰，等. 道路交通标志设计理论与方法 [M]. 北京：科学出版社，2008.

[6] 孙晓波，吴余龙，程斌. 智慧停车——物联网背景下的城市停车管理与运营模式 [M]. 北京：电子工业出版社，2014.

[7] 李瑞敏，邱红桐. 智能交通系统规划设计及案例 [M]. 北京：中国建筑工业出版社，2016.

[8] 翟忠民，景东升，陆化普. 道路交通实战案例 [M]. 北京：人民交通出版社，2007.

[9] 李颖宏，张永忠，王力，等. 道路交通信息检测技术及应用 [M]. 北京：机械工业出版社，2014.

[10] 邵春福，等. 交通规划原理 [M]. 2 版. 北京：中国铁道出版社，2014.

[11] 周蔚吾. 城市道路交通畅通化设计技术 [M]. 北京：知识产权出版社，2013.

[12] 住房和城乡建设部. 城市综合交通体系规划标准：GB/T 51328—2018 [S]. 北京：中国建筑工业出版社，2018.

[13] 北京市质量技术监督局. 道路智能化交通管理设施设置要求　第 1 部分：通用技术条件：DB11/776.1—2011 [S]. 北京：北京技术监督局，2011.

[14] 北京市质量技术监督局. 城市道路交通运行评价指标体系：DB11/T 785—2011 [S]. 北京：北京技术监督局，2011.